고령화사회와 고령자 고용정책

유성호 · 장민수 저

교육과학사

서문

노년기의 경제력은 여가를 포함한 사회활동, 건강유지를 위한 생활양식, 주거의 선택, 성인자녀와의 관계, 심지어 홀로된 어르신의 이성교제와 재혼 등 거의 모든 생활영역에 있어서 노년기 삶의 질 향상에 매우 중대한 영향을 미치는 요인이다. 그러나 유감스럽게도 '경제적 빈곤'은 '건강문제'와 함께 우리나라 고령자들이 노후에 경험하는 문제점으로 지적되고 있다.

우리나라 고령자들은 사회보장제도의 미흡과 그로 인한 공적연금 수급률의 저조, 이른 정년퇴직 등으로 경제적 어려움을 경험하고 있다. 그들 대부분의 주요 소득원은 자녀로부터의 재정지원이며, 취업하고 있는 65세 이상 어르신 가운데 약 70%는 생계유지형, 즉 '돈이 필요해서' 취업하고 있으며, 취업중인 어르신 가운데 약 2/3는 향후에도 계속하여 취업하기를 희망하고 있다. 이러한 상황에서 고령자의 취업을 활성화하여 안정된 노후를 보장하는 정부의 강력한 고령자고용정책은 매우 중대한 과제라 할 수 있다. 특히 세계에서 가장 낮은 총 출산율과 가장 빠르게 진행되고 있는 고령화 속도로 인한 경제활동인구의 감소로 노년부양비가 급속하게 증가하고 있는 우리의 현실을 고려할 때 고령인력의 활용은 고령자의 소득증진뿐만 아니라 국가의 복지재정균형에도 이바지할 수 있는 일석이조의 효과를 기대할 수 있다.

그러나 지식과정보사회에서 창출되는 일자리의 대부분은 전문화된 기술과 지식을 요구하는 데 반해 고령자의 능력은 이러한 요구수준에 미치지 못하고 있는 실정이다. 또한 고령자의 고용은 젊은 연령층의 고용기회를 감소시키는 효과를 가져올 수 있으며, 영리를 최고의 목적으로 삼는 자본주의 경제체제에서 생산성을 고려할 때 대부분의 사업주는 고령자의 고용을 선호하지 않는다. 특히 유교적 사상이 지배적인 우리 사회에서 젊은 세대가 자신보다 하위직에 있는 고령자에게 일을 지시하거나 작업을 통제하기가 쉽지 않기 때문에 고령자의 고용촉진을 위하여 정부가 노동시장에 직접 개입하는 일과 고령자 개인이 노동시장에 진입하는 일은 결코 쉬운 일은 아니다.

고령자의 고용문제를 둘러싼 이러한 복잡하고, 시기적으로 어려운 상황에서 그나마 다행인 것은 정부가 최근 들어 고령자의 고용촉진에 많은 노력과 관심을 보이고 있다는 사실이며, 사회 구성원 대부분이 고령자의 열악한 경제 상황을 고령자 개인의 문제가 아닌 그 동안의 정부의 무관심으로 인하여 발생된 사회문제로 인식하고 있다는 사실이다.

이 책은 6장으로 구성되어 있다. 1장에서는 고령자와 관련된 모든 정책을 이해하고 개선 방향을 검토하는 데 있어서 제일 먼저 관심을 가져야 할 주제인 우리나라 고령인구의 특성과 변화에 대하여 논하고 있다. 고령자들이 직면하고 있는 인구, 사회, 경제적인 상황을 정확히 파악하고 이러한 고령인구의 특성이 향후 어떻게 변화될 것인지를 예측하고 있다. 2장에서는 우리나라 고령자들의 경제상황과 밀접한 관계가 있는 소득현황과 주요 소득원, 자산현황, 및 고용상태와 퇴직 현황을 다루고 있다. 3장에서는 우리나라에서 시행하고 있는 고령자고용정책을 고령자 고용촉진지원, 고령자 고용촉진시설지원, 고령자 직업능력개발지원으로 분류하여 현황과 함께 문제점과 개선방향에 대하여 논하고 있다. 4장에서는 우리나라보다 먼저 다양한 고령자 고용정책을 시행하고 있는 일본, 5장에서는 미국의 정책을 소개하고, 마지막 6장에서는 우리나라의 현 상황과 관련된 시사점에 대하여 언급하고 있다.

저자들의 제한된 능력과 시간부족으로 만족할 만한 책을 출판하지 못하는 아쉬움이 있다. 그러나 많은 관심을 가지고 저자 나름대로 최대한 노력을 하였다는 점에서 안도감을 갖고자 한다. 이 책에 대한 독자들의 열린 목소리를 겸허하게 받아들일 것을 약속하면서 우리나라 고령자 고용정책의 지속적인 발전으로 고령자들이 독립적인 노후생활을 영위할 수 있는 복지국가가 빠른 시일 내에 도래하기를 기대한다.

끝으로 이 책의 출판을 위해 많은 관심과 배려를 해주신 도서출판 교육과학사의 김동규 사장님, 정경식 부장님과 편집에 힘쓰신 모든 직원 분들께 심심한 감사를 드린다.

2008년 11월

저자 **유성호 · 장민수**

차례

표 & 그림

제 1 장

고령인구의 특성과 변화

노년기와 관련된 다양한 주제를 연구하는 종합적인 학문을 노년학(gerontology)이라 정의할 때, 우리가 노년학에 관심을 가지게 된 이유는 무엇이며, 왜 우리는 노년학에 관심을 가져야만 하는가. 이 질문에 가장 설득력 있는 답변은 바로 고령인구의 증가일 것이다.

우리나라를 포함한 대부분의 산업사회에서 공통적으로 나타나는 사회현상 가운데 하나인 고령인구의 증가는 사회의 기본 단위인 가족뿐만 아니라 경제, 정치, 복지 등을 포함한 사회의 전 영역에 걸쳐 커다란 파급효과를 나타내고 있다. 그런데 문제는 이러한 파급효과가 사회의 안정과 발전에 긍정적이기 보다는 세대 간 갈등, 복지 혜택의 축소, 정부의 재정위기와 국가 경쟁력의 약화 등 부정적으로 작용한다는 것이다. 따라서 세계에서 유례를 찾아볼 수 없을 만큼 급속한 속도로 고령화가 진행되고 있는 우리나라의 경우 이에 대비하여 사회 전반에 걸쳐 체계적이고 종합적인 대책이 그 어느 때보다 절실히 요구되고 있다.

고령자와 관련된 정책을 제시하는 데 있어서 제일 먼저 관심을 가져야 할 주제는 고령자들이 직면하고 있는 인구, 사회, 경제적인 상황을 정확히 파악하고 이러한 고령인구의 특성이 향후 어떻게 변화될 것인지를 미리 예측하는 일이다. 이러한 관점에서 본 장에서는 우리나라 고령인구의 특성과 변화에 대하여 살펴보고자 한다.

1 고령인구 규모와 구성비 추이

우리나라 고령인구의 규모와 구성비에 있어서 나타나는 주요 특징은 1980년을 기점으로 많은 변화를 보이고 있다는 점이다. 1980년까지 전체인구에서 65세 이상 고령인구가 차지하는 비율은 3%대에 불과하였다 (<표 1-1> 참고). 그러나 1980년대부터 빠른 속도로 증가하여 2000년에는 고령인구 비율이 7.2%를 차지하여 고령화 사회로 진입하였고, 2018년에는 14.3%로 고령사회, 2026년에는 20.8%가 되어 초고령사회로 진입할 전망이다(통계청, 2008). 고령인구 비율의 급속한 증가의 주요 원인은 전체인구 가운데에서 유소년인구(0~14세 이하) 수가 1980년대 이전까지는 지속적으로 증가하였으나 1980년 이후부터는 감소하였기 때문이다 (<표 1-5> 참고).

2008년 현재 65세 이상 고령인구는 약 5백만 명으로 전체인구의 10.3%를 차지하고 있으며(남성: 8.3% 여성: 12.3%), 앞으로 지속적으로 증가하여 2030년 고령인구 규모는 약 1천 2백만 명으로 전체인구 가운데 약 1/4인 24.3%가 될 것으로 추산된다. 2008년 현재 65세 이상 고령인구가 차지하는 비율은 10.3%로 서구사회와 비교하여 아직 낮은 수준을 유지하고 있어 크게 걱정할 필요가 없다고 생각할 수도 있겠지만 고령인구의 증가 속도가 유례없이 빠르게 진행되고 있다는 점에서 지금부터 철저한 대비책이 필요하다.[1)]

해방 이후 우리나라 총인구수도 꾸준히 증가하여 1949년 약 2천 2십만 명에서 2008년 현재 약 4천 8백 6십만 명으로 증가하였다. 총인구수는 2020년 중반까지 꾸준히 증가하여 약 4천 9백만 명에 도달할 것으로 예상되며, 그 이후부터는 감소될 것으로 전망되고 있다.

1948년 이후 2008년까지 약 60년 동안 총인구는 약 2.5배 증가하였으나, 65세 이상 고령인구는 같은 기간 동안 7.7배 증가하였고 고령인구의 구성 비율은 약 3배 이상 증가하였다.

〈표 1-1〉 65세 이상 고령인구 규모와 구성비 추이(단위: 만 명, %)

	1930	1940	1949	1955	1960	1970	1980	1990	2000	2008	2010	2020	2030
총 인구수[1)]	20,44	23,55	20,17	21,50	24,99	32,24	38,12	42,87	47,01	48,61	48,88	49,33	48,64
65세 이상수	76	86	65	71	82	99	146	220	340	502	536	770	11,81
구성비	3.7	3.6	3.2	3.3	3.3	3.1	3.8	5.1	7.2	10.3	11.0	15.6	24.3

1) 1930~1940년의 총인구수는 남북한 전체의 인구수이고, 1949년 이후부터는 남한인구수와 추계인구수이다.

자료: 윤종주(1980). 우리나라 노년인구에 대한 사회 인구학적 고찰.
보건복지부(2005). 노인보건복지사업안내.
통계청(2008). 2008 고령자 통계.

---

1) OECD 자료(OECD, 2007)에 의하면 2005년 현재 우리나라 65세 이상 고령인구의 비율은 9.1%로 OECD 평균인 13.8%보다 낮았고 30개 회원국 가운데 터키(5.4%)와 멕시코(4.8%)를 제외하고 가장 낮아 28위를 차지하였다. 세계 최장수국인 일본이 20.0%로 가장 높았고, 이탈리아(19.6%), 독일(18.9%) 그리스(18.3%), 스웨덴(17.3%), 벨기에(17.2%), 포르투갈(17.1%), 스페인(16.8%), 프랑스(16.4%), 오스트리아(16.3%) 영국(16.0%).... 미국(12.4%)순이었다. 그러나 25년 후 2030년에는 일본(31.8%), 이탈리아(27.3%), 독일(26.3%), 핀란드(26.0%), 스페인(25.1%), 그리스(24.8%)에 이어 우리나라(24.3%)는 7위를 차지할 것으로 전망되며, 2050년에는 일본(39.6%)에 이어 38.2%로 2위로 등극할 것으로 전망되고 있다. 이렇게 빠른 속도로 고령인구가 증가하는 이유는 우리나라의 고령화 속도가 선진국과 비교하여 훨씬 빠른 속도로 진행되기 때문이다. 예를 들면, 프랑스는 고령화 사회(65+: 7%), 고령사회(65+: 14%), 초고령사회(65+: 20%)로 이동하는 데 소요 연수는 각각 115년, 41년이며, 일본은 각각 24년, 12년, 독일은 각각 40년, 40년이었지만, 우리나라는 19년, 7년에 불과하다(통계청, 2001).

2 평균수명의 증가

일본으로부터 해방 이후 약 60년 동안 65세 이상 고령인구수가 약 65만 명(1949년)에서 약 5백만 명(2008년)으로 7.7배라는 빠른 속도로 증가한 이유는 무엇인가? 그 이유는 바로 사회 구성원의 평균수명이 증가하였기 때문이다. 20세기 초반인 1905년만 하더라도 우리나라의 평균수명은 20대 초반에 불과하였으나(남성: 22.6세, 여성: 24.4세), 1945년 각각 45.6세, 50.7세로 급증하였고, 1960년에 들어와 남녀 모두 50세(남성: 51.1세, 여성: 53.7세)를 넘어섰다(최성재, 장인협, 2002). 그 후 평균수명은 계속 증가하여 2005년 현재 남성은 75.1세, 여성은 81.9세이다. 다른 말로 표현하면 2005년 우리나라에서 출생한 남성 신생아는 75.1세, 여성 신생아는 81.9세까지 살 것으로 기대 된다는 뜻이다(life expectancy at birth)(<표 1-2>). 이렇듯 평균수명이 증가하게 된 주요 원인은 20세기 중반부터 시작된 공공의학과 공중위생의 발달로 사망률(특히, 유아사망률)이 급격히 감소되었고, 아울러 의학기술의 발달 및 산업화로 인하여 생활환경이 개선되었기 때문이다.

평균수명과 관련하여 지난 1세기 동안 주목할 만한 사실은 남녀 간 평균수명의 차이와 평균수명의 증가폭이다. 20세기 초반만 하더라도 남녀 간 평균수명은 차이가 적었으나(예를 들어, 1905년 1.8세), 1945년에는 5.1세, 1970년의 6.9세, 1990년 8.2세로 최고조에 이른 다음 이후부터 서서히 줄어들어 2005년 6.8세, 2020년 6.6세, 2050년에는 6.0세로 줄어들 전망이다(<표 1-2> 참고).

우리나라와 OECD 회원국의 평균수명을 비교해 보면, 2006년 우리나라 남성은 OECD의 평균수명(75.8세)보다 0.1년이 낮은 75.7세였고 여성은 OECD 평균수명(81.4세)보다 1.0년이 높은 82.4세였다. 가장 괄목할

〈표 1-2〉 평균기대수명 추이(단위: 세)

	1970	1980	1990	2000	2005	2010	2020	2030	2050
전체	61.9	65.7	71.3	76.0	78.6	79.6	81.5	83.1	86.0
남성	58.7	61.8	67.3	72.3	75.1	76.1	78.0	79.8	82.9
여성	65.6	70.0	75.5	79.6	81.9	82.9	84.7	86.3	88.9
남녀차이	6.9	8.2	8.2	7.3	6.8	6.7	6.6	6.5	6.0

자료: 통계청(2006). 장례인구추계 결과.
국가통계포탈: http://www.kosis.kr

만한 특징은 OECD 30개국 가운데 터키를 제외하고 1970년 이후 우리나라의 평균수명이 남성은 17.0년, 여성은 16.8년 증가하여 2번째로 빠르게 증가하였다는 사실이다(통계청, 2007a).

평균수명과 함께 중요한 것은 기대여명이다. 기대여명이란 특정한 연령에 도달한 사람이 앞으로 어느 정도 살 것으로 기대되는지를 나타내는 지표이다. 2005년 현재 우리나라 65세 고령자의 기대여명은 18.15세(남성: 15.80년, 여성: 19.90년)이며, 75세 고령자의 기대여명은 11.00년으로 남성은 9.42년, 여성은 11.91년이다(국가통계포탈, http://www.kosis.kr).

3 연령계층별 분포

고령인구 특성 가운데 우리가 많은 관심을 기울이는 주제 가운데 하나는 평균수명의 증가로 인한 중기 및 후기고령노인의 증가이다. 왜냐하면 중·후기고령노인은 전기고령노인과 비교하여 신체적 및 정신적 기능이 현저히 떨어지기 때문에 그들 상당수는 당뇨병, 고혈압, 중풍, 치매 등 각종 노인성 만성질환을 경험하게 되어 장기요양보호를 필요로 하는 고령자가 증가하기 때문이다. 따라서 중· 후기고령노인의 증가는 그들에 대한 가족구성원의 부양부담뿐만 아니라 의료비의 증가를 가져와 건강보험의 재정균형에 상당한 압력을 가하게 된다[2]. 이 외에도 연금제도의 특성상 연금혜택은 수혜자가 사망할 때까지 지급되기 때문에 연금수급자가 연금납부자보다 매우 빠른 속도로 증가하여 연금재정에 불균형을 가져오게 된다. 더 나아가서 연금납부자의 기여금이 지속적으로 증가할 경우 세대 간의 갈등을 유발시켜 사회통합에도 걸림돌이 될 수도 있다.

65세 이상 고령인구는 연령에 따라 전기고령노인(65～74세, young-old), 중기고령노인(75～84세, old-old), 후기고령노인(85세 이상, oldest-old)으로 3분류할 수 있으며, <표 1-3>은 1990년부터 2050년까지 우리나라 고령인구구조의 변동 추이를 나타내고 있다.

일반적으로 인구의 고령화가 시작되는 고령화 사회에서는 전기고령노인의 비율이 높지만 고령사회로 진입할수록 전기고령노인보다는 중기 및 후기고령노인의 비율이 증가하게 된다. 고령화 사회에 직면하고 있는 우리나라의 경우 예상할 수 있듯이 2005년 현재 전기고령노인의 비율이

2) 2006년 현재 우리나라 의료보장 적용인구는 약 4천 9백만 명이며 이 중 전기고령노인이 6.2%, 중기고령노인이 2.49%, 후기고령노인이 0.55%를 차지하고 있다. 그러나 총 진료비에서 각 노인연령층이 차지하는 비율은 각 노인연령층의 구성비보다 2～3배 높은 각각 17.35%, 7.38%, 1.14%를 차지하고 있다. 즉, 65세 이상 의료보장 적용인구 비율은 9.23%인데 반해 진료비는 총 진료비의 25.87%를 차지하였다. 의료보장 적용인구의 건 당 평균진료비는 33,745원이지만 전기, 중기, 후기고령노인의 건 당 평균진료비는 각각 46,952원, 54,582원, 64,906원으로 건 당 평균진료비는 연령이 증가할수록 많았다. 이러한 사실은 건당 내원일수와 진료일수에서도 발견된다. 고령자의 내원일수와 진료일수는 평균치보다 높으며, 연령이 높을수록 내원일수와 진료일수가 높게 나타났다. 특히 진료일수의 경우 평균일수가 5.35인데 반해 고령인구의 연령계층별 진료일수는 각각 8.38, 8.87, 9.32일로 많은 차이를 보인다. 이는 고령자들의 상당수가 고혈압이나 당뇨병과 같은 주요 노인성만성질환을 앓고 있어서 의료기관의 방문과 입원 외에 약의 처방을 위하여 약국을 많이 이용하기 때문이다(국민건강보험공단, 2007).

가장 많은 67.1%를 차지하고 있으며, 중기와 후기고령노인의 비율은 각각 27.4%, 5.5%로 비교적 낮은 수준을 유지하고 있다. 그러나 2050년까지의 고령인구구조의 변동 추이를 살펴보면 인구의 고령화가 진행될수록 전기고령노인은 지속적으로 감소하는 반면, 중기와 후기고령노인은 지속적으로 증가할 것으로 전망된다.

2005년에서 2030년 25년 동안 전기고령노인은 2.43배 증가하지만, 중기 및 후기고령노인은 각각 2.89배, 5.15배 증가될 것으로 전망된다. 특히 초고령사회에 진입한 이후 2030년부터 중기와 후기고령노인의 증가가 급속히 진행되어 2040년부터는 전기고령노인보다 중기와 후기고령노인의 비율이 더 높을 것으로 전망된다.

〈표 1-3〉 고령인구구조 변동 추이(1990~2050)(단위: 천명, %)

	연령계층별 고령인구수 및 비율			전체인구 대비 비율		
	전기 (65~74세)	중기 (75~84세)	후기 (85세 이상)	전기 (65~74세)	중기 (75~84세)	후기 (85세 이상)
1990	1,495(69.2)	572(26.5)	94(4.4)	3.4	1.3	0.2
1995	1,807(68.4)	702(26.6)	132(5.0)	4.1	1.6	0.3
2000	2,294(68.0)	904(26.8)	173(5.1)	5.0	2.0	0.4
2005	2,929(67.1)	1,197(27.4)	241(5.5)	6.1	2.5	0.5
2010	3,338(62.3)	1,646(30.7)	373(7.0)	6.8	3.4	0.8
2020	4,489(58.3)	2,442(31.7)	770(10.0)	9.1	5.0	1.6
2030	7,106(60.2)	3,464(29.3)	1,240(10.5)	14.6	7.1	2.6
2040	7,421(49.3)	5,661(37.6)	1,959(13.0)	16.0	12.2	4.2
2050	6,683(41.3)	6,097(37.8)	3,376(20.9)	15.8	14.4	8.0

자료: 통계청(1993). 1990 인구주택총조사보고서. 제8권 고령자.
통계청(1997). 1995 인구주택총조사보고서. 제8권 고령자.
통계청(2002). 2000 인구주택총조사보고서. 제10권 고령자.
문형표 외(2006). 인구구조 고령화의 경제·사회적 파급효과와 대응과제. 한국개발연구원.

4 지역별 분포

<표 1-4>는 2005년 고령인구의 지역별 분포를 나타내고 있다. 65세 이상 고령인구는 전체인구와 비교할 때, 동지역보다는 읍면지역에 많이 거주하고 있다. 전체인구 가운데 81.5%가 동지역, 8.3%가 읍지역, 10.2%가 면지역에 거주하고 있는 데 반해 고령인구는 62.9%가 동지역에 거주하고 있으며, 읍지역에는 10.6%, 면지역에는 전체인구 비율보다 약 2.6배가 많은 26.5%가 거주하고 있었다.

65세 이상 고령인구의 시도별 분포를 살펴보면, 규모면에 있어서는 전체인구와 커다란 차이가 없었다. 즉, 인구가 많이 밀집된 지역에 노년층도 많이 거주하고 있었다. 시도별 분포상 가장 많은 인구가 경기도(22.0%)와 서울특별시(20.8%)에 거주하고 있었으며, 고령인구도 경기도에 가장 많은 약 7십 5만 명, 서울특별시에 약 7십 1만 명이 거주하고 있었다. 그러나 고령인구의 구성비 분포에 있어서는 많은 차이가 발견된다. 2005년 고령인구 비율이 가장 높은 지역은 전라남도로 전체인구의 17.7%를 차지하였고, 그 다음은 경북(14.4%), 전북(14.2%), 충남(14.1%), 강원(12.9%), 충북(12.1%), 경남(10.8%), 제주(10.4%), 부산(8.7%), 대구(8.0%), 서울(7.3%), 경기(7.3%), 광주(7.2%), 인천(7.1%), 대전(7.0%), 울산(5.3%) 순이었다. 2005년 당시 전남, 경북, 전북, 충남의 4개 지역은 이미 65세 이상 고령인구가 14%를 초과하여 고령사회로 진입하였다. 울산광역시의 고령인구 비율이 유일하게 7%보다 낮아 아직 고령화사회에 진입하지 못하였고, 나머지 지역은 모두 고령화사회에 진입하였다. 다른 시도와 비교하여 울산광역시의 고령인구 비율이 낮은 이유는 공업화지역 특성상 젊은 연령층이 많이 거주하기 때문이다. 이렇듯 대도시보다 주로 농어업에 종사하는 읍면지역일수록 고령인구 비율이 높은 이유는 그 지역의 젊은 연령층이

〈표 1-4〉 2005년 고령인구의 지역별 분포

	전체인구 (내국인) (%)	65세 이상 고령인구(%)	남성노인(%)	여성노인(%)
전국	47,041,434	4,365,218(9.3)	1,736,346(39.8)	2,628,872(60.2)
동부	38,337,699(81.5)	2,746,833(62.9)	1,103,122(40.2)	1,643,711(59.8)
읍부	3,922,597(8.3)	462,727(10.6)	181,084(39.1)	281,643(60.9)
면부	4,781,138(10.2)	1,155,658(26.5)	452,140(39.1)	703,518(60.9)
서울특별시	9,762,546(20.8)	710,844(7.3)	299,221(42.1)	411,623(57.9)
부산광역시	3,512,547(7.5)	303,936(8.7)	121,738(40.0)	182,198(60.0)
대구광역시	2,456,016(5.2)	196,522(8.0)	77,845(39.6)	118,677(60.4)
인천광역시	2,517,680(5.4)	178,728(7.1)	69,803(39.1)	108,925(60.9)
광주광역시	1,413,644(3.0)	101,180(7.2)	39,880(39.4)	61,300(60.6)
대전광역시	1,438,551(3.1)	100,905(7.0)	40,396(40.0)	60,509(60.0)
울산광역시	1,044,934(2.2)	55,849(5.3)	21,338(38.2)	34,511(61.8)
경기도	10,341,006(22.0)	752,603(7.3)	304,396(40.4)	448,207(59.6)
강원도	1,460,770(3.1)	187,994(12.9)	76,554(40.7)	111,440(59.3)
충청북도	1,453,872(3.1)	175,580(12.1)	69,983(39.9)	105,597(60.1)
충청남도	1,897,417(4.0)	267,799(14.1)	108,081(40.4)	159,718(59.6)
전라북도	1,778,879(3.8)	252,885(14.2)	98,243(38.8)	154,642(61.2)
전라남도	1,815,174(3.9)	320,750(17.7)	121,501(37.9)	199,249(62.1)
경상북도	2,594,719(5.5)	374,420(14.4)	145,750(38.9)	228,670(61.1)
경상남도	3,040,993(6.5)	329,820(10.8)	122,200(37.1)	207,620(62.9)
제주도	530,686(1.1)	55,403(10.4)	19,417(35.0)	35,986(65.0)

자료: 국가통계포탈: http://www.kosis.kr

직업이나 교육 기회 등으로 대도시로 이주하여 상대적으로 고령자들이 많이 거주하기 때문이다.

2005년 시군구별 65세 이상 고령인구 비율에서는 전북 임실군이 33.8%로 가장 높았고, 경북 의성군(32.8%), 경남 의령군(32,3%), 전남 고흥군(31.9%), 경남 합천군(31.8%) 순이었다. 이들 지역의 경우 65세 이상 고령인구가 20%를 훨씬 넘어 이미 초고령사회에 진입하였음을 알 수 있다(통계청, 2006a).

고령인구의 성별 분포를 보면 전체적으로 여성노인이 남성노인보다 많은 60.2%를 차지하였으며, 시도별 분포에 있어서 여성노인의 비율이 가장 높은 곳은 제주도로 65.0%가 여성노인이었으며, 가장 낮은 곳은 서울특별시로 57.9%가 여성노인이었다. 이들 지역을 제외하면 시도별 고령인구의 성별 분포에는 별 차이가 없었다.

5 연령계층별 인구구조

<표 1-5>와 <그림 1-1>은 1980년 이후 우리나라 연령계층별 인구 및 구성비 추이를 나타내고 있다. 0~14세의 유소년인구는 출산율 저하로 지속적으로 감소할 것으로 전망되며, 반면 65세 이상 고령인구는 지속적으로 증가할 것으로 전망되고 있다. 15~64세의 생산가능인구는 서서히 증가하여 2008년 72.3%로 아직 문제는 없지만 2020년부터는 점차적으로 감소하여 2026년에 67.5%로 감소될 것으로 전망된다. 문제는 출산율이 지속적으로 하락하면서 생산가능인구가 감소(특히, 20~40대 장년층 인구는 감소하고 50~64세 준고령 이상 인구는 증가)하여 생산가능인구의 고령화를 경험하게 될 것이며, 이에 따라 노동생산성이 저하되어 경제성장의 둔화를 초래할 것으로 예상된다.

사회의 인구의 고령화 정도를 나타내는 지표에는 노년부양비(또는

고령인구부양지수, aged dependency ratio)와 노령화 지수가 있다. 노년부양비는 65세 이상 고령인구수/생산가능인구수(15~64세) X 100으로 나타내며 이는 고령인구를 부양하는 생산가능인구의 부담을 의미한다. 노령화 지수란 고령인구수(65세 이상)/유소년인구수(0~14세) X 100으로 나타내며 일반적으로 노령화 지수가 15 미만이면 연소인구, 30 이상이면 고령인구로 분류한다.

<표 1-6>은 1970년 이후 우리나라 인구의 고령화 정도를 나타내는 노년부양비, 노령화 지수, 고령자 1명당 생산가능인구를 나타내고 있다.

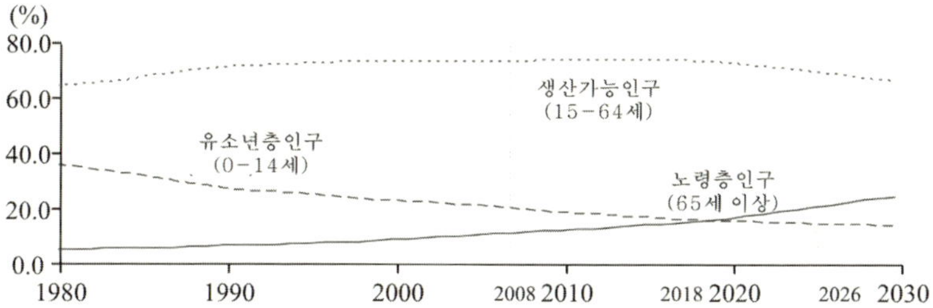

〈그림 1-1〉 연령계층별 인구 구성비 추이

자료: 통계청(2008). 2008 고령자 통계.

〈표 1-5〉 연령계층별 인구 및 구성비 추이(단위: 천명, %)

	1980	1990	2000	2008	2010	2018	2026
총인구	38,124 (100.0)	42,869 (100.0)	47,008 (100.0)	48,607 (100.0)	48,875 (100.0)	49,340 (100.0)	49,039 (100.0)
0~14세	12,951 (34.0)	10,974 (25.6)	9.911 (21.1)	8,458 (17.4)	7,907 (16.2)	6,286 (12.7)	5,721 (11.7)
15~64세	23,717 (62.2)	29,701 (69.3)	33,702 (71.7)	35,133 (72.3)	35,611 (72.9)	35,979 (72.9)	33,099 (67.5)
65세 이상	1,456 (3.8)	2,195 (5.1)	3,395 (7.2)	5.016 (10.3)	5,357 (11.0)	7,075 (14.3)	10,218 (20.8)

자료: 통계청(2008). 2008 고령자 통계.

노년부양비는 출산율의 저하로 유소년인구가 감소하고, 그 결과 생산가능인구가 감소하게 되고 평균수명의 증가로 고령인구가 증가하기 때문에 계속 증가하게 된다. 2008년 노년부양비는 14.3으로 고령자 1인당 생산가능인구는 7명이었다. 다시 말해서 생산가능인구 7명이 고령자 1명을 부양하는 것을 의미한다. 노년부양비는 2010년에는 15.0, 2030년에는 37.7로 계속 증가할 것으로 예상되며, 2030년의 경우 생산가능인구 2.7명이 고령자 1명을 부양해야 될 것으로 전망된다. 노령화 지수 역시 지속적

〈표 1-6〉 노년부양비, 노령화 지수, 고령자 1인당 생산가능인구 추이

구분	1970	1980	1990	2000	2008	2010	2020	2030
노년부양비(%)[1]	5.7	6.1	7.4	10.1	14.3	15.0	21.7	37.7
노령화지수[2]	7.2	11.2	20.0	34.3	59.3	67.7	125.9	213.8
고령자 1명당 생산가능인구(명)[3]	17.7	16.3	13.5	9.9	7.0	6.6	4.6	2.7

자료: 통계청(2007, 2008). 2007, 2008 고령자 통계.
주: 1) 노년부양비 = (65세 이상 인구/15～64세 인구) X 100
2) 노령화 지수 = (65세 이상 인구/0～14세 인구) X 100
3) 고령자 1명당 생산가능인구 = 15～64세 인구/65세 이상 인구

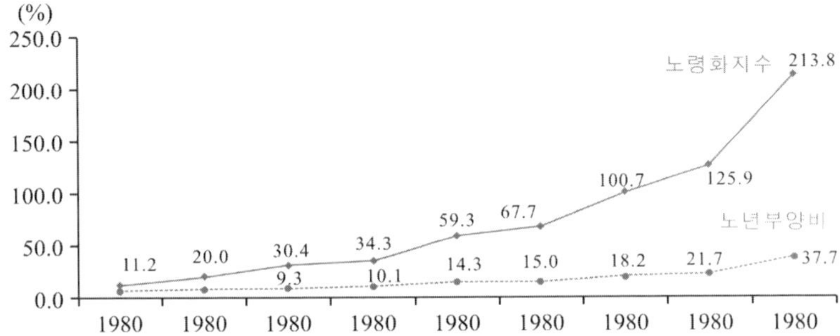

〈그림 1-2〉 노년부양비 및 노령화 지수
자료: 통계청(2008). 2008 고령자통계.

인 증가 추세를 보이고 있다. 2000년의 노령화 지수는 34.3으로 고령인구사회로 진입하였으며 2010년의 67.7, 2030년에는 213.8로 전망된다(<그림 1-2> 참고).

그렇다면 노년부양비와 노령화 지수의 증가는 사회에 어떠한 영향을 미치게 될 것인지 살펴보기로 하자. 우선 출산율의 저하는 생산가능인구의 감소로 이어지게 되는 데, 이는 경제활동인구, 즉 노동인력의 감소를 가져오게 된다. 경제활동인구의 감소는 국가 세수의 감소에 영향을 미치게 된다. 이와 동시에 연금에 의존하는 고령인구가 증가하기 때문에 정부는 더 많은 연금재정이 필요하게 되어 궁극적으로 노동인력의 세금부담이 증가하게 된다. 따라서 노동인력은 과거보다 더 많은 세금을 부담하게 되어 저축이 감소하게 될 것이며, 이는 투자의 위축을 가져와 경제성장에 부정적인 영향을 미치게 된다(고희채와 방희경, 2007). 이와 함께 고령인구의 증가로 고령집단은 막강한 정치압력단체로서의 역할을 수행하게 되어 국가는 그들이 요구하는 의료 및 복지서비스 등 사회보장에 많은 재정을 지출하게 된다. 즉, 저출산[3]과 고령화는 사회 보험료의 인상, 저축의 감소, 투자의 감소로 이어져 경제 활성화의 걸림돌이 되며 이는 대외적으

3) 2002년 우리나라의 총출산율(total fertility rate)은 1.17로 30개 OECD 회원국 가운데 체코슬로바키아와 함께 가장 낮았다. OECD 평균 총 출산율은 1.6이었고, 우리나라 보다 선진화된 주요 국가의 총 출산율은 다음과 같다(자료: OECD, 2006, 미국: 2.01; 호주: 1.75; 덴마크: 1.72; 프랑스: 1.89; 독일: 1.31; 일본: 1.32; 네덜란드: 1.73; 노르웨이: 1.75; 스웨덴: 1.65; 영국: 1.64). 그러나 2년 후인 2004년 우리나라의 총 출산율은 1.16으로 OECD 회원국 가운데 가장 낮았다(OECD, 2007a). 저출산에 대응한 정책 가운데 가장 중요한 것은 인구정책으로 선진국(특히 저출산으로 인한 노동인력의 감소를 여성인력으로 대체하기 위하여 출산율을 높인 서구사회의 경우)은 다음과 같은 다양한 정책을 도입하고 있다. 여성인력의 적극적인 노동시장 참여를 유도하기 위한 가족 친화적 정책(출산수당, 가족수당, 자녀양육비, 출산 관련 무료 의료비), 일· 가정양립정책(양성평등 육아휴직제도, 탄력적 근무제, 출산전후휴직제도, 보육시설확대)과 다자녀 가정에 대한 세금 감면, 임신기간 동안의 기간을 연금가입기간에 합산하는 연금크레디트제도, 정년의 연장과 제도 폐지, 외국의 젊고 유능한 인력 대상의 이민정책, 미혼모 보호 및 국내입양 활성화 등이다. 우리나라의 경우 이러한 제도의 적극적인 도입을 추진할 필요성이 있다고 판단된다.

로 국가경쟁력의 약화로 이어질 가능성이 매우 높아 사회 전반에 부정적인 영향을 미치게 된다. 특히 자유 시장 논리에 입각하여 경쟁과 지식기반을 기초로 하는 세계화의 흐름 속에서 야기되는 대량실업, 비정규직, 가족구조의 변화와 함께 저출산과 고령화는 우리나라를 포함한 서구사회에 커다란 짐이 될 것으로 전망된다.

6 세대구성(주거형태)

<표 1-7>은 1990년 이후 우리나라 고령인구의 세대구성의 변화를 나타내고 있다. 우리나라의 전통적인 주거형태인 3세대 이상 가구는 꾸준히 감소하고 있는 반면, 성인자녀와 별거하여 고령노인 혼자 또는 노인부부끼리만 동거하는 노인단독가구와 노인부부가구는 지속적으로 증가하고 있다. 1990년 노인 홀로 세대를 구성한 노인단독가구는 8.9%에 불과하였으나 2005년에는 18.1%로 15년 동안 약 2배 정도 급증하였음을 알 수 있다. 또한 자녀와 별거하여 노인부부끼리만 지내는 노인부부가구의 경우도 1990년 16.9%에서 2005년에는 33.0%로 증가하여 같은 기간 동안 약 2배 정도 증가하였다. 반면 2세대가구는 꾸준하게 23~24%를 유지하고 있으며, 4세대 이상가구는 2%에서 0.5%로 감소하였다. 3세대가구는 1990년의 47.6%에서 지속적으로 감소하여 2005년 22.9%로 같은 기간 동안 약 1/2 이상 감소하였다.

2005년의 고령인구의 세대구성을 보면 고령인구의 약 60% 정도가 결혼한 성인자녀와 별거하고 있음을 알 수 있다. 왜냐하면 노인단독가구와 노인부부가구가 차지하는 비율은 51.1%이지만 2세대가구 가운데 상당수가 미혼성인자녀와 동거하고 있기 때문이다. 이렇듯 성인자녀와 별거하는 고

령인구가 증가하는 이유는 고령자의 경제력 향상과 교육수준의 향상으로 독립생활을 선호하는 고령자들이 증가하고 있기 때문이다(유성호, 2000).

2008년 고령자통계 자료에 의하면 2007년 기준으로 65세 이상 고령자 중 61.8%가 자녀와 별거하고 있었으며(도시지역: 55.5%, 농어촌지역: 74.4%), 자녀와 별거하는 이유로는 "따로 사는 것이 편해서(35.6%)", "독립생활이 가능해서(23.2%)", "자녀에게 부담이 될까봐(23.1%)", "자녀의 직장, 학업 때문에(14.1%)" 순으로 나타나 경제력 향상과 독립생활의 선호가 자녀와의 별거에 가장 중요한 이유였다. 또한 향후 자녀와 별거하고 싶다는 노인은 57.1%로 자녀와의 동거보다는 별거를 더 선호하였고, 살고 싶은 곳으로는 "자기집"이 가장 많은 84.3%를 차지하였다(통계청, 2008). 이러한 조사 결과는 교육수준과 경제력의 향상으로 우리나라 고령자들의 상당 부분은 전통적인 생활양식에서 벗어나고 있음을 보여준다. 앞으로 우리나라 고령자들의 교육수준이 높아지고 노령연금의 정착으로 경제력이 향상될 것으로 전망되기 때문에 성인자녀와 별거하는 고령자가 증가될 것으로 전망된다.

〈표 1-7〉 65세 이상 고령인구의 세대구성(단위: %)

	1990	1995	2000	2005
1인 가구(노인단독가구)	8.9	13.3	16.2	18.1
1세대가구(노인부부가구)	16.9	23.3	28.7	33.0
2세대가구	23.4	23.0	23.9	24.9
3세대가구	47.6	38.4	29.9	22.9
4세대 이상가구	2.0	1.3	0.9	0.5
비혈연가구	0.7	0.8	0.4	0.5

* 1990년의 경우 미상은 분석에서 제외함

자료: 통계청(1993). 1990 인구주택총조사보고서. 제8권 고령자.
통계청(1997). 1995 인구주택총조사보고서. 제8권 고령자.
통계청(2002). 2000 인구주택총조사보고서. 제10권 고령자.
국가통계포탈: http://www.kosis.kr

7 혼인상태

<표 1-8>은 1990년부터 2005년까지 65세 이상 고령인구의 혼인상태를 나타내고 있다. 미혼노인의 경우 1990년 0.2%에서 2005년 0.5%로 소폭 상승하였으며, 유배우 노인은 1990년 47.2%에서 지속적으로 증가하여 2005년 55.4%로 15년 동안 8.2% 포인트 증가하였다. 반면 사별노인은 1990년 68.4%에서 계속 감소하여 2005년 42.9%로 15년 동안 25.5% 포인트 감소하였고, 이혼노인은 1990년 0.3%에서 지속 상승하여 2005년 1.1%로 동기간 동안 약 4배 정도 증가하였다. 즉, 1990년에서 2005년까지 15년 동안 고령인구의 혼인상태에서 나타나는 특징은 사별노인은 지속적으로 감소하였으나 나머지 미혼, 유배우, 이혼노인은 지속적으로 증가하였으며 이러한 추세는 앞으로도 계속 진행될 것으로 예상된다.

혼인상태에 대한 연령별 고령인구의 특징을 분석해 보면, 이혼은 연령의 증가와 반비례하였고 미혼의 경우는 커다란 차이를 보이지 않았다. 그러나 예상할 수 있듯이 연령이 많을수록 사별한 노인도 증가하여 2005년의 경우 80세 이상 고령 가운데 약 75%가 배우자와 사별한 것으로 나타났다. <표 1-8>에는 없지만, 남성노인과 비교하여 여성노인의 사별률은 훨씬 높다. 예를 들면, 2005년의 경우 65세 이상 남성노인의 사별률은 13.3%인데 반해 여성노인은 62.5%였으며, 65～74세, 70～79세, 80세 이상 남성노인의 사별률은 각각 7.8%, 13.9%, 32.3%인 반면, 여성노인의 사별률은 각각 42.5%, 66.9%, 90.5%로 각 연령계층별로 5.4배, 4.8배, 2.9배 이상 높았다. 이러한 이유는 남성보다 여성이 더 오래살기 때문이다.

유배우 고령자 비율이 지속적으로 증가하는 주요 원인은 과거보다 평균수명이 연장되었기 때문이지만 배우자의 사별과 이혼 후 재혼의 증가도 많은 영향을 미친다고 볼 수 있다. <그림 1-3>과 <표 1-9>는 1997

〈표 1-8〉 65세 이상 고령인구의 혼인상태(단위: 천명, %)

	65세 이상 고령인구	미혼	유배우	사별	이혼
<1990>					
전체	2,162	0.2	47.2	68.4	0.3
65~69세	900	0.2	59.3	40.2	0.4
70~79세	972	0.1	43.9	55.8	0.2
80세 이상	290	0.1	20.8	79.0	0.1
<1995>					
전체	2,640	0.2	47.6	51.8	0.4
65~69세	1,044	0.2	60.5	38.7	0.6
70~79세	1,218	0.2	44.7	54.8	0.3
80세 이상	378	0.2	21.1	78.6	0.2
<2000>					
전체	3,372	0.3	52.0	47.0	0.7
65~69세	1,376	0.4	67.0	31.6	1.0
70~79세	1,519	0.3	47.2	51.8	0.6
80세 이상	477	0.2	23.6	75.8	0.3
<2005>					
전체	4,365	0.5	55.4	42.9	1.1
65~69세	1,680	0.6	70.9	26.9	1.7
70~79세	2,019	0.4	52.4	46.3	0.9
80세 이상	666	0.5	25.6	73.4	0.5

* 각 년도 미상은 분석에서 제외함.
자료: 통계청(1993). 1990 인구주택총조사보고서. 제8권 고령자.
통계청(1997). 1995 인구주택총조사보고서. 제8권 고령자.
통계청(2002). 2000 인구주택총조사보고서. 제10권 고령자.
국가통계포탈: http://www.kosis.kr

년부터 2007까지 우리나라 65세 이상 고령자의 이혼 및 재혼 현황을 나타내고 있다. 2007년 65세 이상 고령자의 이혼건수는 남자기준 3,622건,

여자기준 1,427건으로 10년 전인 1997년과 비교하여 각각 4.2배, 5.8배 증가하였으며, 재혼건수의 경우 또한 2007년 남자기준 2,004건, 여자기준 610건으로 같은 기간 동안 각각 2.3배, 3.7배 증가하였다. 10년이라는 비교적 짧은 기간 동안 전체인구의 이혼건수와 재혼건수는 남자기준으로 각각 1.4배, 1.4배, 여성기준으로 각각 1.4배, 1.4배 증가한 반면 고령자의 재혼과 이혼건수가 크게 증가하여(특히, 여성고령) 고령층의 의식수준이 과거와는 많이 변화되었음을 알 수 있다.

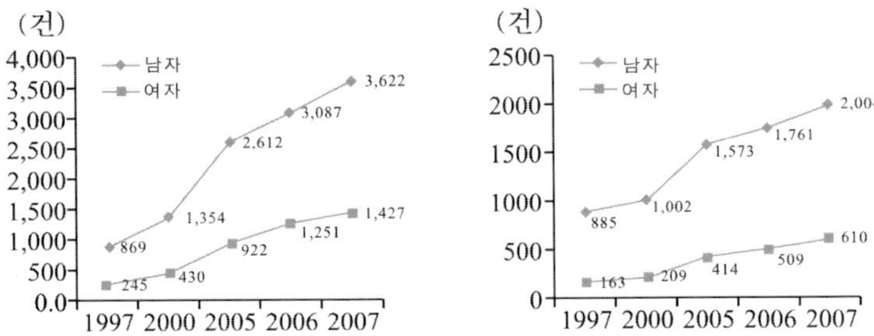

〈그림 1-3〉 65세 이상 고령자의 이혼 및 재혼 현황(1997~2007)

자료: 통계청(2008). 2008 고령자 통계

〈표 1-9〉 65세 이상 고령자의 이혼 및 재혼 현황(단위: 건)

	남자					여자				
	1997	2000	2005	2006	2007	1997	2000	2005	2006	2007
이혼건수	91,159	119,982	128,468	125,032	124,590	91,159	119,982	128,468	125,032	124,590
65세 이상	869	1,354	2,612	3,087	3,622	245	430	922	1,251	1,427
%	1.0	1.1	2.0	2.5	2.9	0.3	0.4	0.7	1.0	1.1
재혼건수	41,347	43,617	59,772	55,688	57,282	43,735	48,324	66,666	59,751	61,964
65세 이상	885	1,002	1,573	1,761	2,004	163	209	414	509	610
%	2.1	2.3	2.6	3.2	3.5	0.4	0.4	0.6	0.9	1.0

자료: 통계청(2008). 2008 고령자 통계

8 교육수준

<표 1-10>은 1990, 2000, 2005년 60세 이상 고령인구의 교육수준과 2005년 당시 고령자의 연령별 교육수준 및 향후 고령인구의 교육수준의 변화를 예측하기 위하여 2005년 당시 40대와 50대의 교육수준을 나타내고 있다. 지난 15년 동안 60세 이상 노년층의 교육수준은 현저하게 증가하였다. 미취학 고령자의 비율은 1990년 54.21%에서 2000년 34.69%, 2005년 26.37%로 15년 동안 27.84% 포인트 감소하였다. 반면 고등학교 학력을 소유한 고령인구의 비율은 1990년 4.97%에서 2000년 11.08%, 2005년에는 14.51%로 증가하여 15년 동안 약 3배 증가하였다. 대학 이상의 학력을 소유한 고령자의 비율은 같은 기간 동안 약 2.6배 증가하였다.

향후 20년 이후 고령인구의 교육수준을 전망하기 위하여 2005년 당시 40세와 50세인 전후 베이비붐 세대(1953～1965년 출생자)의 교육수준을 분석해 보았다. 2005년 당시 베이비붐 세대인 40대의 교육수준은 현 고령세대와 비교하여 월등히 높았다. 40대 가운데 무학자의 비율은 단지 0.63%에 불과하였으며, 초등학교와 중학교 학력자의 비율은 각각 6.09%, 14.2%를 차지하였고, 79.07%가 고등학교 이상의 학력을 소지하고 있었다(고졸: 47.5%, 대학 이상: 31.57%). 연령차이가 10세에 불과하지만 2005년 당시 50대와 60대의 학력수준을 비교하면 현저한 차이를 보이고 있다. 무학자의 비율은 각각 2.66%와 14.09%로 무려 5.3배의 차이를 보였고, 고등학교 학력자의 비율은 34.86%와 19.09%로 1.8배, 대학 이상의 비율은 17.19%와 10.75%로 1.6배의 차이를 보였다. 결론적으로 베이비붐 세대가 고령인구에 진입하는 2013년부터 고령자의 교육수준은 급속도로 향상될 것으로 전망된다. 김태헌 외의 연구(2007) 결과에 의하면 2020년 65세 이상 남성 가운데 56.18%(대학 이상: 17.14%, 전문대

〈표 1-10〉 40세 이상 연령별 교육수준 변화(단위: 명, %)

	전체	무학 (미취학)	초등학교 (중퇴/졸업)	중학교 (중퇴/졸업)	고등학교 (중퇴/졸업)	대학 이상 (중퇴/수료/졸업)
<60세 이상 고령자>						
(1990년)	3,319,298 (100%)	1,799,240 (54.21%)	1,026,046 (30.91%)	220,067 (6.63%)	164,899 (4.97%)	108,827 (3.28%)
(2000년)	5,160,655 (100%)	1,790,265 (34.69%)	1,872,564 (36.29%)	568,294 (11.01%)	571,821 (11.08%)	355,717 (6.89%)
(2005년)	6,254,071 (100%)	1,649,480 (26.37%)	2,301,920 (36.81%)	858,168 (13.72%)	907,215 (14.51%)	537,288 (8.59%)
<고령자 연령별 교육수준, 2005년>						
(60~69)	3,567,920 (100%)	502,775 (14.09%)	1,367,355 (38.31%)	633,861 (17.76%)	681,309 (19.09%)	383,620 (10.75%)
(70~79)	2,019,604 (100%)	727,155 (36.0%)	763,222 (37.79%)	194,169 (9.61%)	200,785 (9.94%)	134,273 (6.65%)
(80 이상)	665,547 (100%)	419,550 (63.0%)	171,343 (25.7%)	30,138 (4.53%)	25,121 (3.77%)	19,395 (2.91%)
<40, 50대 교육수준, 2005년>						
(40~49)	8,023,940 (100%)	50,165 (0.63%)	488,681 (6.09%)	1,137,153 (14.2%)	3,814,484 (47.5%)	2,533,457 (31.57%)
(50~59)	5,133,735 (100%)	136,795 (2.66%)	1,108,992 (21.60%)	1,215,791 (23.68%)	1,789,492 (34.86%)	882,665 (17.19%)

자료: 통계청(1993). 1990 인구주택총조사보고서. 제8권 고령자.
통계청(2002). 2000 인구주택총조사보고서. 제10권 고령자.
국가통계포탈: http://www.kosis.kr

졸: 3.23%, 고졸: 35.81%), 여성은 29.03%(대학 이상: 5.44%, 전문대졸: 1.52%, 고졸: 22.07%)이 고등학교 이상의 학력을 소지할 것으로 예측되고 있다.

9 건강상태과 의료비 현황

1) 건강상태

세계보건기구(World Health Organization: WHO)에 의하면 건강은 "신체적, 정신적, 사회적 안녕의 완전한 상태"로 정의된다(Hooyman and Kiyak, 1996). 즉, 건강은 질병이 없고, 정신적으로 안정되어 사회생활을 영위하는 데 문제가 없는 안녕(well-being)상태를 의미하는 포괄적이고 적극적인 개념이다. 따라서 노년기의 건강상태는 "일상생활을 유지하는 데 방해가 되는 질병이 없고, 다른 사람에게 의존하지 않는 독립적인 생활이 가능하여 심리적으로 만족한 상태"로 이해할 수 있다.

2004년도에 실시된 한국보건사회연구원의 연구(정경희 외, 2005) 결과에 의하면, 우리나라 65세 이상 고령자들 가운데 동년배와 비교하여 자신의 건강상태를 "매우 좋다"고 생각하는 고령자가 8.3%, "약간 좋다" 25.4%, "보통이다" 27.8%, "약간 나쁘다" 26.8%, "매우 나쁘다"가 11.7%를 차지하였다. 즉, 자신의 건강상태가 좋다고 응답한 고령자는 33.7%, 나쁘다고 생각하는 고령자는 38.5%로 나타나 나쁘다고 인식하는 고령자가 4.8% 포인트 더 많았다. 지역별로는 동부지역보다 읍면지역에 거주하는 고령자가 자신의 건강상태가 더 양호하다고 인식하였고, 교육수준이 높고, 경제력이 높은 고령자일수록 자신의 건강상태가 동년배와 비교하여 양호하다고 응답하였다.

<표 1-11>은 우리나라 고령자들이 일상생활을 독립적으로 영위할 수 있는지에 대한 5가지 영역에서의 기능 상태를 나타내고 있다. 65세 이상 고령자 가운데 독립적으로 일상생활을 영위할 수 있는, 즉 기능 상태에 전혀 문제가 없는 고령자는 63.7%였으며 36.3%는 기본적 일상생활수행

〈표 1-11〉 고령자의 지역·성별·연령별 기능상태 분포(단위:%)

구분	전체[4]	지역		성별		연령		
		동부	읍·면부	남자	여자	65~69세	70~74세	75세 이상
ADL[1]								
제한 없음	91.8	91.3	92.8	92.9	91.1	96.1	95.1	84.1
경증	5.3	5.9	4.2	4.8	5.7	2.9	3.7	9.5
중증	2.9	2.8	3.0	2.4	3.2	1.1	1.2	6.4
IADL[2]								
제한 없음	77.8	79.8	73.7	86.9	72.2	89.9	85.2	58.1
경증	8.9	6.9	13.1	4.1	11.9	5.7	7.8	13.3
중증	9.1	9.0	9.1	5.4	11.3	3.1	5.2	19.0
최중증	4.2	4.2	4.1	3.6	4.6	1.3	1.8	9.6
인지기능								
장애 없음	81.5	82.1	80.3	84.2	79.8	88.3	85.4	70.7
2개 이하 장애	13.6	13.0	14.8	12.7	14.1	10.4	11.8	18.7
3개 이상 장애	4.9	4.9	4.9	3.1	6.0	1.3	2.8	10.7
문제행동								
증상 없음	91.6	91.6	91.5	92.8	90.7	95.7	94.4	84.6
3개 이하 증상	6.8	6.8	6.6	6.3	7.0	4.2	4.8	11.2
4개 이상 증상	1.7	1.6	1.8	0.9	2.1	0.1	0.7	4.2
간호처치								
증상 없음	92.8	94.0	90.2	94.5	91.8	93.0	93.0	92.4
증상 있음	7.2	6.0	9.8	5.5	8.2	7.0	7.0	7.6
기능상태[3]								
제한 없음	63.7	64.5	61.9	73.4	57.6	75.7	70.5	44.4
제한 있음	36.3	35.5	38.1	26.6	42.4	24.3	29.5	55.6
(대상자수)	(3,278)	(2,224)	(1,054)	(1,255)	(2,023)	(1,240)	(934)	(1,104)

자료: 정경희 외(2005). 2004년도 전국 노인생활실태 및 복지욕구조사. 서울: 한국보건사회연구원·보건복지부

주: 1) ADL의 경증은 4개의 부분도움이나 2개의 완전도움까지이고, 중증은 이 범위보다 심한 제한이 있는 경우임.

2) IADL의 경증은 2개의 부분도움이나 1개의 완전도움까지이고, 중증은 경증이상으로 10개의 부분도움이 있거나 5개의 완전도움이 있는 경우이며, 최중증은 이 범위보다 심한 제한이 있는 경우임.

3) 기능상태 제한 있음은 ADL, IADL, 인지기능, 문제행동, 간호처치 영역에서 1개 이상 제한을 갖고 있는 경우임.

4) ADL과 IADL 총 응답자 수는 3,278명이고, 인지기능은 3,277명, 문제행동은 3,273명, 간호처치는 3,278명 임.

〈표 1-12〉 고령자의 일반특성별 본인인지 만성질병[1] 수(단위:%)

특성	없다	1개	2개	3개 이상	계(명)
전체[2]	9.1	17.1	19.0	54.8	100.0(3,209)
지역					
동부	9.6	17.8	19.0	53.7	100.0(2,052)
읍·면부	8.1	15.5	19.1	57.3	100.0(977)
성별					
남자	15.6	25.9	21.3	37.1	100.0(1,171)
여자	5.0	11.5	17.5	66.0	100.0(1,858)
연령					
65~69세	10.3	20.9	18.9	49.8	100.0(1,214)
70~74세	7.9	15.6	17.4	59.1	100.0(903)
75세 이상	8.7	13.4	20.7	57.2	100.0(911)
결혼상태					
유배우	11.8	20.9	19.9	47.4	100.0(1,712)
무배우	5.5	12.1	17.8	64.5	100.0(1,317)
가구형태					
고령 독신	4.0	13.3	14.5	68.2	100.0(669)
고령부부	11.7	20.4	19.8	48.1	100.0(1,081)
자녀동거	9.8	16.2	21.5	52.5	100.0(1,100)
기타	7.3	16.8	16.2	59.8	100.0(179)
교육수준					
글자 모름	5.4	11.3	17.1	66.2	100.0(538)
글자해독	4.6	13.1	21.7	60.6	100.0(609)
초등학교	8.8	16.1	16.5	58.6	100.0(1,098)
중·고등학교	15.1	23.4	20.9	40.6	100.0(611)
전문대 이상	17.2	31.6	25.3	25.9	100.0(174)
가구소득[3]					
50만원 미만	5.2	14.1	14.9	65.7	100.0(899)
50~100만원 미만	9.1	16.1	20.8	54.0	100.0(783)
100~150만원 미만	10.4	17.6	19.7	52.4	100.0(376)
150~200만원 미만	9.8	18.8	20.0	51.4	100.0(255)
200~300만원 미만	14.3	21.5	23.0	41.2	100.0(335)
300만 원 이상	11.8	20.4	20.7	47.1	100.0(382)
기능상태					
제한 없음	10.7	19.	18.2	51.6	100.0(2,071)
제한 있음	5.6	11.7	20.9	61.8	100.0(957)

자료: 정경희 외(2005). 2004년도 전국 노인생활실태 및 복지욕구조사. 서울: 한국보건사회연구원·보건복지부

주: 1) 만성질병에는 악성신생물(암), 관절염, 요통·좌골통, 디스크, 신경통, 골다공증, 소화성궤양, 만성간염·간 경변, 당뇨병, 갑상선 질환, 고혈압, 저혈압, 중풍·뇌혈관질환, 협심증·심근경색증, 폐결핵·결핵, 만성기 관지염, 천식, 백내장, 녹내장, 만성중이염, 만성신장질환, 빈혈, 피부병, 골절·후유증이 포함됨

2) 본인응답자 3,209명을 분석대상으로 함

3) 무응답 1명을 제외함

능력(ADL), 수단적 일상생활수행능력(IADL), 인지기능, 문제행동, 간호처치 영역에서 1가지 이상 기능제한이 있었다. 읍면지역에 거주하는 여성노인과 연령이 높을수록 기능 상태에 제한이 많았다.

또한 전체 고령자의 90.9%가 한 가지 이상 만성질환을 앓고 있었고, 54.8%가 세 가지 이상 만성질환을 앓고 있었다. 동부지역에 거주하고, 남성이고, 젊고, 배우자가 있고, 교육수준과 경제적 상황이 양호한 고령자일수록 만성질환에 앓고 있는 비율이 낮아 더 건강한 것으로 조사되었다(<표 1-12>). 유병률이 가장 높은 만성질병은 관절염(43.1%)이었으며, 고혈압(40.8%), 요통· 좌골통(30.6%), 신경통(22.1%), 골다공증(18.9%), 백내장(18.1%), 소화성궤양(16.5%), 빈혈(15.9%), 당뇨병(13.8%), 디스크(12.6%) 순으로 조사되었다(정경희 외, 2005).

2) 의료비 현황

고령자들은 연령이 증가함에 따라 신체적, 정신적 기능이 약화되어 만성질환을 경험하기 때문에 젊은 연령층과 비교하여 각종 병원이나 약국의 이용일 수가 증가하게 된다. 따라서 노년층의 의료비는 다른 연령층과 비교하여 훨씬 많이 소요되어 정부의 건강보험재정에 상당한 압박을 가할 수 있다. 앞으로 고령자의 기대여명이 계속 증가할 것이고 고령자들의 의료에 대한 복지욕구도 증가할 것으로 예상되어 향후 노년층의 의료비는 지속적으로 증가할 것으로 전망된다.

<그림 1-4>와 <표 1-13>은 2002년에서 2007년까지 65세 이상 고령자의 의료비 추이를 나타내고 있다. 2007년 건강보험 전체의료비와 65세 이상 고령자 의료비는 각각 약 32조 2천 6백억 원, 9조 8백억 원으로 전년도인 2006년과 비교하여 전체의료비는 13.0% 증가하였으나 고령자 의료비는 약 2배인 22.8% 증가하였다. 지난 5년 동안 전체의료비는 약 1.7배

증가한 반면, 고령자 의료비는 약 2.5배 증가하여 고령자들의 건강상태가 다른 연령층보다 더 나쁜 것을 알 수 있다. 2007년 당시 65세 이상 고령인구가 차지하는 비율은 전체인구의 9.9%였으나(통계청, 2007), 전체의료비 가운데 28.2%를 차지하여 고령인구의 증가에 따른 정부의 건강보험재정에 많은 부담을 주고 있음을 알 수 있다.

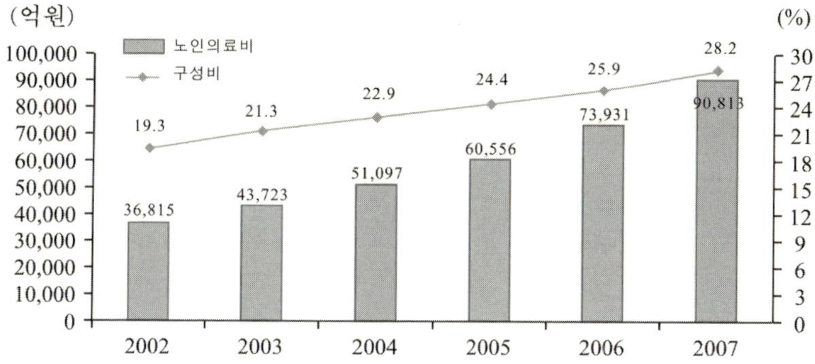

〈그림 1-4〉 65세 이상 고령자의 의료비 추이

자료: 통계청(2008). 2008 고령자 통계

〈표 1-13〉 65세 이상 고령자의 의료비 추이(단위: 억 원, %)

	2002	2003	2004	2005	2006	2007	전년대비 증감(율)
전체의료비(A)	190,606	205,336	223,559	247,968	285,580	322,590	13.0
고령자의료비(B)	36,815	43,723	51,097	60,556	73,931	90,813	22.8
비율(B/A×100)	19.3	21.3	22.9	24.4	25.9	28.2	2.3

자료: 통계청(2008) 2008 고령자 통계

지금까지 노년학과 관련된 연구 주제를 이해하고 향후 정책을 제시하는 데 있어서 기본이 되는 우리나라 고령인구의 특성과 변화에 대하여 살펴보았다. 우리나라 고령인구의 분석 결과 가장 괄목한 만한 특징은 고령인구 비율의 증가 속도다. 고령화 사회로 진입한 2000년 이후 고령인구의 증가 속도가 세계에서 가장 빠르게 진행되고 있다. 2008년 현재 65세 이상 고령인구가 차지하는 비율은 10.3%로 다른 선진 국가와 비교하여 아직은 낮은 수준이지만 2030년이 되면 OECD 회원국 가운데 7위가 되고, 2050년이 되면 고령인구가 38.2%를 차지하여 최장수국인 일본(39.6%)에 이어 2위로 급부상할 것으로 전망되고 있다.

고령인구 비율의 급속한 증가는 저출산과 밀접한 관계가 있다. 여성 1명이 가임기간 동안 갖게 될 평균출생아수를 나타내는 합계출산율이 2002년 1.17로 OECD 회원국 가운데 체코슬로바키아와 함께 가장 낮았으며(OECD, 2006), 2004년 1.16, 2006년 1.13으로 계속 감소하고 있다(국가통계포탈, http://www.kosis.kr).

저출산으로 인한 유소년인구의 감소와 고령인구의 증가(특히 중·후기고령노인의 증가)는 노년부양비를 증가시키기 때문에 경제활동인구의 부담을 증가시키고 이는 결국 투자위축으로 경제성장에 부정적인 영향을 미치게 된다. 따라서 인구의 고령화와 관련하여 향후 우리사회가 가장 시급하게 관심을 가질 분야는 출산율의 증가이다. 출산을 유도하는 각종 다양한 정책개발이 시급하다고 볼 수 있다. 특히 65세 이상 고령인구가 20%를 넘어서 초고령사회에 진입한 농어촌지역에 대해서 특별한 관심을 가질 필요성이 있다.

고령인구 증가 속도와 함께 고령인구의 특성에서 주목해야 될 사항은 고령자의 주거형태의 변화와 교육수준 향상이다. 과거보다 3세대 이상 가구는 감소하고 있으며 성인자녀와 별거하여 고령자 홀로 또는 부부끼리만 생활하는 노인단독가구와 노인부부가구가 증가하고 있다. 또한 우리나라 정부수립 후의 교육의 대중화로 고령자들의 교육수준이 점차로 향상되었고, 현재 40~50대인 베이비붐세대가 노년층에 유입되는 2013년부터 고령자들의 교육수준이 급속히 향상될 것으로 전망된다. 성인자녀와 별거하는 고령자의 증가와 교육수준의 향상은 고령자들의 경제력 향상과 밀접한 관계가 있다.

오늘날 75세 이상 중·후기고령노인들의 거의 대부분은 열악한 환경 속에서 어린 시절을 보냈기 때문에 노년기에도 거의 비슷한 사회경제적 환경에 처해 있다. 그러나 현재 60대 전기고령노인과 예비노인 집단들은 중·후기고령노인들과 비교하여 사회경제적으로 확연한 차이를 보이고 있다. 따라서 다양하고 한층 더 높아질 것으로 예상되는 고령자의 복지욕구를 반영한 정책도입의 필요성이 제기된다.

마지막으로 우리나라 65세 이상 고령인구의 약 63.7%는 일상생활을 유지하는 데 다른 사람의 도움 없이 독립적인 생활을 하고 있으나, 약 91%가 적어도 한 가지 이상의 만성질환을 앓고 있다. 즉, 오늘날 고령자의 대부분은 평균수명의 연장으로 과거 고령자들 보다 더 건강하게 다른 사람의 도움 없이 오래살고 있으나 그들의 대부분은 만성질환을 앓고 있다. 이러한 사실을 반영하듯, 다른 연령층과 비교하여 노년층의 건강보험 의료비 증가 속도가 빠르고, 2007년 당시 65세 이상 고령인구 비율은 9.9%였으나 전체의료비 가운데 약 28.2%를 차지하여 정부의 건강보험재정에 많은 부담을 주고 있다. 향후 고령인구가 지속적으로 증가될 것으로 예상되어 정부의 건강보험재정에 더 많은 부담을 줄 것으로 전망된다.

제 2 장

고령층의 경제, 고용, 및 퇴직 현황

시장원리에 입각한 자유주의 경제 질서를 추구하는 오늘날 대부분의 사회에서 경제력은 연령에 관계없이 구성원의 삶에 절대적인 영향을 미친다. 그러나 청장년기와 비교할 때 노년기에 있어서 경제력은 그 영향력이 더욱 크다고 볼 수 있다. 젊은 연령층의 경우 사회에서 요구하는 신지식에 어느 정도 익숙해져 있고, 성공하기 위해 세운 목표를 향해 추진할 수 있는 정신적, 신체적 능력이 아직 존재하고 있다. 그러나 노년기에는 상황이 아주 다르다. 전문직에 종사하였거나 시장에서 경제적 성공을 이룬 최고경영자가 아니라면 대부분의 고령자들은 퇴직으로 수입이 감소하고, 정신적, 신체적 기능이 저하되어 재취업에 어려움이 따르며, 젊은 시절에 소유했던 사회적 역할 또한 많이 상실하게 된다.

이러한 노년기의 삶의 질에 중대한 역할을 할 수 있는 것은 다름 아닌 경제력이다. 노년기의 경제력은 여가를 포함한 사회활동, 건강유지를 위한 생활양식, 주거지의 선택, 심지어 재혼 등 거의 모든 노년기 삶에 중대한 영향을 미치기 때문에 노후생활의 안녕(well-being)에 가장 중요한 요인으로 볼 수 있다.

그러나 유감스럽게도 우리나라 고령자들이 경험하는 가장 어려운 문제점은 건강문제와 함께 경제적 빈곤이다. 2005년 60세 이상 우리나라 고령자들이 겪고 있는 가장 어려운 문제는 '경제적인 어려움'(45.6%)이었고, 그 다음이 '건강문제'(27.1%)였다. 그러나 2년 후인 2007년에는 순위만 바뀌어 건강문제(40.7%)에 이어 경제문제(40.1%)가 노년기의 어려운 문제였다(통계청, 2007a).

2장에서는 우리나라 고령층의 경제상황과 밀접한 관계가 있는 노년층의 소득과 소득원, 자산, 고용 및 퇴직 현황에 대하여 살펴보고자 한다.

1 소득 및 소득원 현황

<표 2-1>은 2006년도 2인 이상으로 구성된 가구주의 연령계층별 월평균소득과 소득원을 나타내고 있다. 60세 이상 가구주의 월평균소득은 모든 가구의 월평균소득 약 3백 7만 원보다 약 1백만 원이 적은 약 2백 2만원(가구평균 소득의 약 65.7%)로 소득수준이 가장 낮았다. 40대 소득이 가장 많은 약 3백 4십만 원이었고, 다음으로 50대, 30대, 30세 미만 순이었다.

소득원을 살펴보면 50대 이하 비노인가구의 경우 전체소득 가운데 근로소득이 주요 소득원으로, 연령계층에 따라 어느 정도 차이는 있지만 가장 많은 약 60~70%를 차지하였다. 그러나 60세 이상 노년층의 경우도 근로소득이 가장 중요한 소득원이었으나 전체소득에서 근로소득이 차지하는 비율은 39.6%에 불과하였다. 공적연금 등 사회보장과 친인척 보조금으로 구성되는 이전소득은 60세 이상 노년층이 약 5십 5만 원으로 가장 많았으며, 전체소득의 27.3%를 차지하였다. 반면 30~50대 가구주의 경우 전체소득 가운데 이전소득이 차지하는 비율은 5% 수준에 불과하여 커다란 대조를 이루었다.

60세 이상 고령가구의 소득이 가장 낮았음에도 불구하고 이자, 주식 배당금, 임대료 등에서 발생되는 재산소득은 약 1십 7만 원(전체소득의 8.4%)로 모든 연령층 가운데 가장 많았다. 다른 연령계층과 비교하여 퇴직금, 상속재산 등 일시적인 소득을 나타내는 비경상소득은 노년층이 50대에 이어 두 번째로 많았으며 소득원의 10.1%를 차지하였다. 즉, 연령계층별 소득원의 구성에서 발견되는 특징은 60대 이하 비노인가구의 경우 근로소득과 사업소득이 가장 보편적이고 주요 소득원인 반면 60대 이상 노년층의 주요 소득원은 근로소득과 이전소득이었다.

그러나 65세 이상 노인부부가구만을 대상으로 분석할 경우 소득 및 소득원은 <표 2-1>에서 제시된 2인 이상으로 구성된 60세 이상 고령가구의 소득 및 소득원과 비교하여 현저한 차이가 발견된다.

2006년 65세 이상 노인부부가구의 소득과 소득원을 분석한 결과(통계청, 2007)에 따르면 65세 이상 노인부부가구의 월평균소득은 약 1백 2십 1만원으로 비노인가구의 평균소득 약 3백 1십 6만원의 38.2%에 불과하였고, 노인부부가구의 소득원 가운데 이전소득이 가장 중요한 소득원으로 56.9%를 차지하였으며, 근로소득 9.9%, 사업소득이 7.1%를 차지하여 2인 이상으로 구성된 60세 이상 노인가구의 소득 및 소득원과 현저한 차이를 보였다. 즉, 60세 이상 노인가구와 65세 이상 노인부부가구의 월소득 차이는 약 8십 1만원으로 60세 이상 노인가구의 소득이 훨씬 높고, 60세 이상 노인가구의 주요 소득원은 근로소득인 반면, 65세 이상 노인부부가구는 이전소득이었다(<표 2-2> 참조).

<표 2-1>의 2인 이상 가구주의 연령계층별 월평균소득은 혼자 사는 가구주와 가구주가 아닌 고령자를 분석에서 제외하였고, 근로소득의 경우 가구주의 소득뿐만 아니라 배우자와 가구원의 소득을 합산하였기 때문에 65세 이상 고령자의 정확한 소득을 반영하지 못하는 문제점이 있다.

〈표 2-1〉 2인 이상으로 구성된 가구주의 월평균소득 및 소득원 현황(2006년 기준)

	가구평균	30세 미만	30~39세	40~49세	50~59세	60세 이상
월평균소득(원)	3,068,859	2,588,677	3,132,769	3,393,627	3,370,354	2,017,771
경상소득						
근로소득(원)	1,917,358 (62.5%)	1,902,861 (73.5%)	2,196,759 (70.1%)	2,133,230 (62.9%)	2,087,666 (61.9%)	798,154 (39.6%)
사업소득(원)	665,659 (21.7%)	193,304 (7.5%)	584,616 (18.7%)	898,598 (26.5%)	766,810 (22.8%)	296,327 (14.7%)
재산소득(원)	67,061 (2.2%)	8,217 (0.3%)	17,901 (0.6%)	41,894 (1.2%)	102,066 (3.0%)	168,652 (8.4%)
이전소득(원)	240,150 (7.8%)	305,354 (11.8%)	163,866 (5.2%)	183,443 (5.4%)	174,348 (5.2%)	550,702 (27.3%)
비경상소득(원)	178,630 (5.8%)	178,943 (6.9%)	169,628 (5.4%)	136,463 (4.0%)	239,464 (7.1%)	203,936 (10.1%)

자료: 가구주 연령별 자산현황 및 가계수지(2인 이상)(국가통계포탈: http://www.kosis.kr).

〈표 2-2〉 65세 이상 노인부부가구의 월평균소득과 소득원 현황

(2006년 기준, 단위: 천원, %)

	금 액			구성비		
	전 가구	노인부부	비노인	전 가구	노인부부	비노인
가구 분포	100.0	4.8	95.2	–	–	–
소 득	3,071.8	1,208.9	3,162.2	100.0	100.0	100.0
근로소득	1906.1	119.4	2,007.7	62.1	9.9	63.5
사업소득	668.5	85.4	694.8	21.8	7.1	22.0
이전소득	252.0	687.3	217.7	8.2	56.9	6.9

자료 : 통계청(2007). 2007 고령자 통계.

주: 노인부부가구는 가구주와 그 배우자가 모두 65세 이상으로 18~64세인 가구원이 없는 가구임.

65세 이상 고령자 개인을 대상으로 조사하여 이러한 문제점이 없는 정경희 외의 연구(2005) 결과에 의하면 우리나라 고령자의 소득수준이 매우 취약함을 알 수 있다. 전혀 소득이 없다고 응답한 0.4%의 고령자를 제외하고 분석한 결과 고령자의 월평균소득은 4십 8만 6천원이었고, 읍·면부보다 동부에 거주하고, 남성이고, 연령이 적고, 교육수준이 높고, 배우자가 있는 고령자일수록 소득수준이 높았다. 소득원을 살펴보면, 고령자의 76.9%가 친인척으로부터의 보조금(사적이전소득)을 받고 있다고 응답하여 가장 보편적인 소득원이었으며, 사업(또는 부업)소득이 14.4%, 근로소득 14.1%, 공적연금이 13.9%, 재산, 금융, 개인연금으로부터의 자산소득이 12.5%, 국민기초생활보장급여가 8.6% 순이었다.

즉, 우리나라 65세 이상 고령자의 소득원 분포에서 발견되는 특징은 이전소득이 가장 보편적인 소득원이기는 하지만 선진국 고령자와는 반대로 이전소득 가운데 공적연금이 차지하는 비율이 낮고(공적이전소득) 자녀로부터의 재정지원이 차지하는 비율이 높으며, 자산소득이 차지하는 비율이 낮은데 있다. 우리나라 고령자의 소득원 분포 특징과 확연한 차이를 보이는 선진국 가운데 미국의 예를 들면, 2005년 65세 이상 미국 고령자의 소득원 가운데 88.2%가 공적연금(Social Security)을 받고 있어서 가장 보편적인 소득원이었고, 이자소득 51.8%, 개인연금 31.2%, 근로소득과 사업소득이 각각 17.6%, 공적부조 0.2% 순이었고, 소득원 중 자녀로부터 보조금은 거의 없어 소득원 항목에 포함시키지 않았다(AARP, 미국퇴직자협회, http://www.aarp.org).

2 자산현황

<표 2-3>의 60세 이상 가구주의 자산현황을 살펴보면 다른 연령대와 비교하여 60세 이상 고령가구의 자산상태가 비교적 양호함을 알 수 있다. 가구평균 순자산액은 약 2억 4천만 원이었으나 60세 이상 고령가구는 약 2억 9천만 원으로 50대의 약 3억 3천만 원에 이어 두 번째로 자산이 많았다. 60세 이상 고령가구의 월평균소득이 가장 적었음에도 불구하고(<표 2-1> 참조) 다른 연령대와 비교하여 부동산 관련 자산이 많고 부채규모가 적어 자산상태가 양호한 이유는 사회보장의 역사가 짧아 고령층이 다른 연령층보다는 경제적으로 취약한 상태에 놓여 있기는 하지만 고령층 가운데 상당수는 경제적으로 안정된 생활을 하고 있음을 시사한다. 즉, 60세 이상 고령가구 가운데 소득 불평등이 심하다는 것을 암시한다. 실제로 IMF의 금융구제를 받은 1997년 이후 지난 10여 년 동안 우리 사회의 뜨거운 쟁점이었던 양극화 실태를 조사한 연구(강신욱 외, 2006)에 의하면, 60세 이상 고령가구의 빈곤가구비율이 46.6%로 모든 연령층 가운데 가장 높았으며, 1996~2006년까지 10년 기간 동안 모든 연령층 가운데 60세 이상 고령가구의 집단 내 소득불평등이 가장 심한 것으로 나타나 이를 뒷받침하고 있다.

우리나라 고령층의 소득불평등은 OECD 회원국가들과 비교해도 매우 심하다. 소득불평등을 나타내는 지니계수(Gini Coefficient)를 이용하여 OECD 30개 회원국의 65세 이상 고령자의 소득불평등을 조사한 연구에 의하면(2005년 기준), 우리나라 65세 이상 고령층의 지니 계수는 0.4로 멕시코의 0.56에 이어 두 번째로 소득불평등의 심한 것으로 나타났다(OECD, 2008). OECD 30개 회원국의 평균 지니계수는 0.288이었으며, 멕시코와 우리나라에 이어 미국(0.396), 포르투칼(0.376), 터키(0.37), 일본(0.343),

〈표 2-3〉 2인 이상으로 구성된 가구주의 연령별 자산 현황

(2006년 기준, 단위: 만원)

	가구평균	30세 미만	30~39세	40~49세	50~59세	60세 이상
총자산	28,112.3	5,418.2	18,001.0	30,260.2	37,243.4	32,075.8
순자산	24,164.4	4,431.7	14,278.3	25,316.9	32,623.4	29,078.6
저축총액	5,744.8	2,903.8	5,611.3	6,744.3	6,548.4	4,557.4
부동산평가액	21,604.1	2,137.7	11,598.0	22.597.1	29,723.2	27,072.3
기타자산평가액	763.5	376.8	791.6	918.9	971.8	446.1
부채총액	3,947.9	986.5	3,722.7	4,943.4	4,620.0	2,997.2

* 총자산: 저축, 부동산, 기타 자산 포함.
* 순자산: 총자산에서 부채를 제외함.
자료: 가구주 연령별 자산현황 및 가계수지(2인 이상)(국가통계포탈: http://www.kosis.kr).

그리스(0.333), 이탈리아(0.311), 스페인(0.31) 순으로 고령자의 소득불평등이 심하였다. 반면 고령자의 소득불평등이 가장 낮은 국가는 체코슬로바키아(0.198), 덴마크(0.201), 슬로바키아(0.204), 스웨덴(0.217), 헝가리(0.22), 룩셈부르크(0.225) 순으로 과거 사회주의 국가들과 사회보장제도가 발달된 북서유럽국가들이 여기에 포함되었다.

고령층의 소득불평등이 심하다는 사실은 2007년도 우리나라 15세 이상을 대상으로 문화와 여가활동을 조사한 통계청의 자료에서도 발견된다(국가통계포탈 http://www.kosis.kr). 여가활동 가운데 중산층 이상이 주로 이용하는 골프장의 이용률을 보면 지난 1년간 60세 이상 고령층의 골프장 이용률은 1.4%로, 40대의 7.4%, 50대 5.5%, 30대 3.4%, 20대 1.5%로 20대 이상 연령층 가운데 가장 낮았다. 그러나 골프장 이용횟수를 보면 60세 이상 고령층은 평균 12.8회로 골프장을 가장 자주 이용하였으며, 50대 11.3회, 40대 9.4회, 30대 5.5회, 20대 3.8회 순이었다. 특히 골프장 이용횟수에 있어서 60세 이상 고령층에 이어 미래 고령층이라 할 수 있는

50대의 골프장 이용횟수는 11.3회로 향후 경제적 여건이 양호한 중산노년층이 많이 증가될 것으로 기대된다.

3 공적연금 수급 현황

우리나라 65세 이상 고령자들의 소득원 가운데 친인척으로부터의 보조금이 가장 보편적인 소득원(76.9%)이고, 노후에 공적연금과 개인연금에 의존하는 고령자의 비율이 낮은 가장 큰 이유는 노인복지에 대한 정부의 관심부족으로 인한 복지재정의 한계 때문이다[1].

우리나라와는 달리 서구사회 노인들의 노후소득원으로 가장 중요한 공적연금의 수급 현황을 살펴보면 2005년 말 현재 60세 이상 고령자 가운데 공적연금 수급자는 1,630,953명으로 연금수급률은 단지 26.1%에 그치고 있다. 그 가운데에서 국민연금 수급자가 가장 많은 약 1백 4십 2만 명으로 전체수급고령자의 87.1%를 차지하였다(<표 2-4>). 국민연금의 경우 1988년에 시작되어 완전노령연금의 수급조건인 20년이 되는 2008년부터 완전노령연금이 지급되기 때문에 2008년 현재 국민연금 수급고령자 가운데 대부분은 급여액이 낮은 특례노령연금[2], 감액노령연금[3], 조기노령연

---

1) 노인복지의 예산의 규모를 예로 들면, 1998년부터 2008년까지의 10년 동안 노인복지 관련예산은 1,691억 원에서 20,619억 원으로 약 12.2배 증가하였으나(단, 2005년 이후 지방으로 이양된 예산 제외), 정부예산대비 노인복지예산이 차지하는 비율은 0.2~1.2% 수준에 머물러 있다. 주요 연도의 비율은 1998년 0.2%, 2000년, 0.3%, 2004년 0.4%, 2005년 0.2%, 2006년 0.3%, 2007년 0.4%. 2008년 1.2%였다(통계청, 2008).

2) 특례노령연금이란 국민연금제도를 확대 시행할 당시 나이가 많아 연금을 받기 위한 최소가입기간인 10년을 채울 수 없는 사람을 위하여 특별히 마련된 급여제도로 5년(60개월)만 가입해도 60세가 되면 가입기간에 따라 평생 동안 지급되는 연금이다. 특례노령연금 수급권자는 대부분 가입기간이 짧아 연금액이 많지 않음을 고려하여 소득이 있는 업무 종사유무에 관계없이 전액 지급된다.

금[4], 장애연금과 유족연금의 혜택을 보고 있는 실정이다.

그러나 2008년부터는 완전노령연금 수급자가 증가되어 2010년에는 2만 7천 명, 2020년 3십 6만 명, 2030년 1백 3십만 명, 2040년 2백 9십 6만 5천 명, 2050년에는 4백 2십 8만 1천명으로 증가될 것으로 예상되고 있다(박상현과 신화연, 2001). 60세 이상 고령인구 가운데 특정 년도에 있어서의 완전노령연금 수급비율을 통계청이 발표한 연도별 추계인구(국가통계포탈, http://www.kosis.kr)에 적용해 보면, 2020년은 약 37.95%, 2030년 약 45.03%, 2050년에는 약 58.26%로 지속적인 증가를 보일 것으로 예상된다. 따라서 앞으로는 노년층의 소득원에서 공적연금에 차지하는 비율이 점차 증가될 것으로 전망된다.

〈표 2-4〉 60세 이상 공적연금 수급자 현황(2005년 말 기준)(단위: 명, %)

구 분	계	노령연금 (퇴직·퇴역연금)	장애연금 (장해·상이연금)	유족연금	연금 수급률(1)
국민연금	1,420,217(87.1%)	1,311,709	11,570	96,938	22.7%
공무원연금	149.981(9.20%)	136,311	765	12,905	2.40%
사립학교 교직원연금	16,741(1.03%)	15,620	n.a.	1,121	0.27%
군인연금	44,014(2.70%)	33,155	50	10,809	0.70%
계	1,630,953 (100%)	1,496,795 (91.8%)	12,385 (0.76%)	121,773 (7.47%)	26.1%

주: (1) 연금수급률은 2005년도 60세 이상 노인인구 6,254,071명을 기준으로 산정.
n.a.: 사립학교교직원연금의 경우 2005년 장해연금수급자는 44명이었으며, 연령자료 없음.
* 반환일시금, 사망일시금, 장애일시보상금 등 일시적으로 지급되는 연금은 제외됨.
* 국민연금의 경우 노령연금에는 특례노령연금, 감액노령연금, 조기노령연금이 포함됨.
자료: 국민연금관리공단, 2005년 국민연금통계연보(www.npc.or.kr)
공무원연금관리공단, 2005년 공무원연금통계(www.gepco.or.kr)
사립학교교직원연금관리공단 2005년 사립학교교직원연금통계(www.ktpf.or.kr)
국방부(2006). 2005년 군인연금통계연보.

---

3) 감액노령연금이란 가입기간 10년 이상 20년 미만으로 60세에 도달한 자에게 지급되는 급여이다(단, 65세 미만이면 소득이 없는 경우에 한함).

4) 조기노령연금이란 가입기간 10년 이상, 연령 55세 이상인자가 소득 있는 업무에 종사하지 아니하고 60세 도달하기 전에 청구할 경우 지급되는 급여이다(65세 이전에 소득 있는 업무에 종사하면 재직자노령연금 지급).

4 고용 현황

고령자의 취업활동과 취업희망여부는 고령자 개인의 경제적 상황, 건강상태, 개인 성향, 가족관계, 연령 등과 그가 속한 사회의 전반적인 사회복지 수준에 영향을 받는다. 그러나 일반적으로 고령자의 재취업을 결정하는 가장 중요한 요인은 경제적 상황이다. 예컨대 선진사회의 고령자 대부분은 사회안전망의 발달로 퇴직 후에도 공적연금과 개인연금 및 기타 자산으로부터의 수입이 퇴직 전과 비교하여 별 차이가 없기 때문에 재취업보다는 관심 있는 분야에서 많은 시간을 보내게 된다. 미국의 경우 1986년 연령차별금지법(Age Discrimination in Employment Act)에 따라 특정 연령에 대한 강제퇴직을 금지하였음에도 불구하고 고령자의 경제적 안정으로 1970~1975년 남성노인의 퇴직중위연령(median retirement age)은 63.3세, 1985~1990년 62.6세, 1995~2000년에는 62.3세로 오히려 자발적인 조기퇴직이 증가하는 추세이다(Thorson, 2000). 반면 서구사회 고령자의 소득원으로 가장 보편화된 공적연금 수급률이 매우 낮아 경제적 어려움을 경험하고 있는 우리나라 대부분의 고령자들은 자녀에게 재정적으로 의존하거나 생활비를 충당하기 위한 방법으로 재취업을 희망하게 된다(장민수, 2001).

우리나라 고령자들의 취약한 경제 상황을 반영하듯, 2007년 60세 이상 고령자 가운데 38.6%가 경제활동에 참가하고 있었다. 60세 이상 비경제활동인구 약 4백 2십 2만 명 가운데 가장 많은 48.1%(약 2백 3만 2천 명)는 가사와 육아 때문에, 34.1%(약 1백 4십 4만 명)는 고령으로 인하여 경제활동에 참여하지 않고 있었다(<표 2-5> 참조). 60세 이상 남성노인의 경제활동참가율은 51.6%, 여성노인은 28.7%로 남성이 여성보다 약 2배 높았다. 60세 이상 남성노인 가운데 가장 많은 54.9%는 고령으로, 여성노인은 70.0%가 가사와 육아 때문에 경제활동에 참여하지 않고 있었다.

〈표 2-5〉 성·연령계층별 경제활동인구 현황(2007년 기준. 단위: 1,000명, %)

연령계층	총인구수	경제활동인구					비경제활동인구				
		인구수	참가율	취업자	실업자	실업률	인구수	가사·육아	통학	연로	기타
15~19	(전체) 3,202	232	7.3	211	22	9.3	2,970	5	2,863	0	102
	(남성) 1,671	108	6.5	98	10	9.5	1,562	0	1,492	0	70
	(여성) 1,532	124	8.1	113	11	9.2	1,408	5	1,372	0	32
20~29	(전체) 6,653	4,298	64.6	3,992	306	7.1	2,355	496	1,209	0	651
	(남성) 3,134	2,086	66.5	1,895	190	9.1	1,049	5	661	0	383
	(여성) 3,519	2,212	62.9	2,096	116	5.2	1,306	491	548	0	267
30~39	(전체) 8,282	6,233	75.3	6,035	198	3.2	2,049	1,672	61	0	317
	(남성) 4,211	3,940	93.6	3,803	138	3.5	271	11	34	0	226
	(여성) 4,071	2,293	56.3	2,233	60	2.6	1,779	1,661	27	0	91
40~49	(전체) 8,282	6,619	79.9	6,484	135	2.0	1,663	1,364	11	0	288
	(남성) 4,176	3,918	93.8	3,829	89	2.3	259	21	7	0	231
	(여성) 4,105	2,701	65.8	2,655	46	1.7	1,405	1,343	5	0	57
50~59	(전체) 5,873	4,181	71.2	4,093	87	2.1	1,693	1,271	4	0	418
	(남성) 2,934	2,545	86.7	2,482	63	2.5	390	29	1	0	359
	(여성) 2,939	1,636	55.7	1,612	24	1.5	1,303	1,242	3	0	59
60세 이상	(전체) 6,878	2,654	38.6	2,618	36	1.4	4,224	2,032	1	1,442	750
	(남성) 2,958	1,527	51.6	1,500	27	1.8	1,431	77	0	785	568
	(여성) 3,921	1,127	28.7	1.118	9	0.8	2,794	1,955	1	657	181
총수	(전체) 39,170	24,216	61.8	23,433	783	3.2	14,954	6,839	4,148	1,442	2,525
	(남성) 19,084	14,124	74.0	13,607	517	3.7	4,960	143	2,194	785	1,838
	(여성) 20,086	10,092	50.2	9,826	266	2.6	9,994	6,696	1,955	657	687

주: 경제활동참가율: 총인구중 경제활동인구(취업자+실업자)가 차지하는 비율.
실업률: 실업자가 경제활동인구(취업자+실업자)에서 차지하는 비율.
자료: 노동부(2008). 2008 노동통계연감

우리나라 고령자의 경제활동참가율(labour force participation rate)은 OECD 30개 회원국과 비교하여도 월등히 높은 편이다(<표 2-6> 참조). 우리나라 65세 이상 고령인구의 경제활동참가율은 2000년의 경우 멕시코의 30.6%에 이어 29.6%로 2위를 차지하였으나, 2002년 30.7%, 2005년 30.0%, 2007년 31.3%로 OECD 30개 회원국 가운데 1위를 차지하였다. 2007년 65세 이상 고령인구의 경제활동참가율이 높은 국가는 우리나라에 이어 멕시코, 일본, 포르투갈, 아이슬란드, 미국, 노르웨이 순이었고, 경제활동참가율이 가장 낮은 국가는 1.0%의 룩셈부르크에 이어 슬로바키아, 프랑스, 벨기에, 스페인 순이었다.

2007년 우리나라 65세 이상 고령인구의 경제활동참가율은 OECD 평균 11.8% 보다 무려 19.5% 포인트나 높았다(약 2.7배). 또한 2007년 65세 이상 남성노인의 경제활동참가율은 42.9%로 OECD 30개 회원국 가운데 멕시코에 이어 두 번째로 높았으며. 여성노인의 경우는 23.3%로 가장 높았다.

우리나라 고령자의 경제활동참가율은 매우 높은 편이지만, 그들의 대부분은 교육수준이 낮기 때문에 전문 직종보다는 농어업 및 축산업과 단순노무직종에 근무하기를 선호하고, 실질적으로 그 분야에 주로 종사하고 있어서 소득수준은 낮은 편이다. 2002년 고용안정정보망(Work-Net)에 등록한 50세 이상 준고령자의 구인 현황을 보면 50~59세의 경우 건설단순노무자, 경비원, 건물청소원, 아파트경비원과 같은 단순노무직이 90.8%를 차지하였고, 경영·금융·무역·사무 관리직은 단지 0.9%를 차지하였다. 또한 60세 이상 고령자의 경우에는 압도적으로 많은 97%가 단순노무직을 희망하였다(장명희 외, 2003).

<표 2-7>은 65세 이상 고령취업자의 산업별 구성비를 나타내고 있다. 취업고령자의 53.9%가 농·어·축산업에, 27.8%가 단순노무직에 종사

〈표 2-6〉 OECD 30개 회원국의 65세 이상 고령인구의 경제활동참가율(단위:%)

국가명	2000년			2002년			2005년			2007년		
	전체	남성	여성	전체	남성	여성	전체	남성	여성	전체	남성	여성
호주	6.1	10.0	3.1	6.4	10.2	3.4	7.6	11.6	4.2	8.8	13.3	5.0
오스트리아	2.7	4.4	1.7	2.6	3.8	1.7	3.0	5.0	1.7	4.8	7.3	3.0
벨기에	1.6	2.2	1.1	1.2	2.0	0.6	1.4	2.2	0.8	1.8	3.0	0.9
캐나다	6.0	9.5	3.3	6.7	10.3	3.8	8.1	12.1	5.0	8.9	13.0	5.5
체코슬로바키아	4.1	6.8	2.4	4.0	6.6	2.3	3.9	6.3	2.3	4.5	7.1	2.7
덴마크	2.6	3.9	1.6	5.0	8.2	2.5	5.4	9.4	2.4	5.3	8.6	2.8
핀란드	3.7	6.3	1.6	4.1	6.2	2.5	5.1	7.3	3.2	7.1	10.3	4.4
프랑스	1.3	1.9	0.9	1.3	1.8	0.9	1.2	1.7	0.9	1.4	2.0	0.9
독일	2.7	4.4	1.5	2.9	4.3	1.8	3.4	5.1	2.2	3.7	5.3	2.5
그리스	5.4	8.4	2.7	4.8	7.9	2.3	4.2	6.9	1.9	4.5	7.3	2.3
헝가리	2.6	3.9	1.8	2.2	3.4	1.5	2.6	4.2	1.5	3.2	4.7	2.2
아이슬란드	19.7	29.0	12.0	20.2	28.6	13.3	17.4	25.2	10.9	17.0	21.5	13.3
아일랜드	8.0	14.7	2.9	8.3	15.1	3.0	8.3	14.7	3.3	9.4	16.2	3.9
이탈리아	3.3	5.8	1.6	3.5	6.1	1.6	3.1	6.0	1.1	3.3	6.1	1.2
일본	22.6	34.1	14.4	20.8	31.2	13.2	19.8	29.4	12.7	20.1	29.7	13.0
한국	29.6	40.6	22.8	30.7	42.7	23.0	30.0	41.2	22.5	31.3	42.9	23.3
룩셈부르크	1.6	2.3	1.2	1.3	2.4	0.5	0.6	1.0	0.4	1.0	1.9	0.3
멕시코	30.6	48.5	14.2	30.1	48.3	14.1	29.1	46.2	14.4	28.1	45.1	14.2
네덜란드	3.2	5.5	1.5	3.7	6.1	1.9	4.2	7.2	2.0	5.0	8.0	2.7
뉴질랜드	7.7	11.8	4.4	9.6	14.6	5.5	11.7	16.2	7.9	14.2	19.6	9.6
노르웨이	11.1	14.2	8.5	12.9	15.6	10.5	14.3	17.4	11.5	15.4	19.0	12.1
폴란드	8.0	12.4	5.2	6.8	10.1	4.7	6.0	9.3	3.9	4.9	7.6	3.2
포르투갈	18.2	25.0	13.3	19.0	25.7	14.2	18.0	24.6	13.2	18.2	24.2	13.9
슬로바키아	1.1	2.0	0.6	1.0	2.0	0.4	1.4	2.3	0.9	1.2	1.5	1.0
스페인	1.6	2.6	1.0	1.5	2.4	0.9	2.0	3.2	1.1	2.0	3.2	1.1
스웨덴	10.3	15.0	6.3	10.0	14.6	5.8	10.1	14.6	5.9	11.3	15.2	7.6
스위스	14.3	20.3	9.7	8.8	12.7	6.2	7.5	11.2	4.9	8.8	13.2	5.7
터키	20.8	32.5	11.3	18.3	26.6	11.5	15.2	24.2	7.6	12.9	20.5	6.6
영국	5.3	7.8	3.4	5.5	7.9	3.7	6.4	9.0	4.4	7.0	10.2	4.5
미국	12.9	17.7	9.4	13.2	17.9	9.8	15.0	19.8	11.5	16.0	20.5	12.6
OECD 평균	11.0	16.5	7.0	10.9	16.2	7.1	11.4	16.6	7.5	11.8	17.0	8.0

자료: OECD. Stat Extracts(http://webnet.oecd.org)

하여 전체 취업고령자의 약 82%가 소득이 적고, 직업의 안전성이 떨어지는 단순직종에 종사하고 있었다. 고위임직원, 관리자, 전문가와 같은 안정되고 사회적 지위가 높은 직종에 종사하는 취업고령자는 3.1%에 불과하였으며 교육수준에 따라 많은 차이를 보였다.

<표 2-5>에서 제시된 2007년도 60세 이상 취업한 경제활동고령인구 2,618천명 가운데 1,867천명인 71.3%가 농·임·어업 분야에 종사하고 있었고, 665천명인 25.4%가 단순노무직에 종사하고 있었으며, 임직원 및 관리자, 전문가, 사무종사자는 162천명으로 취업자 가운데 6.2%에 불과하였다(노동부, 2008).

〈표 2-7〉 고령자의 연령·교육수준별 종사 직종 현황(단위: %)

구분	연령				교육수준				
	전체	65~69세	70~74세	75세 이상	글자 모름	글자 해독	초등 학교	중·고등 학교	전문대 이상
고위임직원·관리자	1.8	2.4	0.7	2.0	–	–	1.0	5.0	9.9
전문가	1.3	0.8	2.8	0.7	–	–	0.3	1.7	19.5
기술공·준전문가	1.1	1.2	1.1	0.7	–	–	1.3	2.2	2.4
사무종사자	0.7	1.0	0.4	–	–	0.5	0.3	2.2	–
서비스종사자	3.4	3.2	3.2	4.0	3.4	6.6	1.6	3.4	7.3
판매종사자	5.4	7.2	3.9	2.7	1.4	4.9	5.7	8.4	4.9
농·어·축산업 종사자	53.9	48.9	56.1	65.8	56.5	64.3	56.9	39.1	34.1
기능원·관련 기능종사자	1.9	3.2	0.7	–	–	0.5	1.8	5.6	–
기계, 기계조작 및 조립종사자	2.7	3.8	1.8	0.7	–	0.5	3.1	6.7	2.4
단순노무종사자	27.8	28.3	29.5	23.5	38.8	22.5	27.9	25.7	19.5
계	100	100	100	100	100	100	100	100	100

자료: 정경희 외(2005). 2004년도 전국노인생활실태 및 복지욕구조사.

우리나라 고령자들이 취업하는 주된 이유는 경제적 빈곤이다. 정경희 외의 연구(2005)에 의하면 우리나라 고령자들의 불안정한 경제 사정을 반영하듯, 취업고령자의 69.9%는 "돈이 필요해서" 취업하는 것으로 조사되었으며, 취업고령자의 72.4%는 향후에도 계속하여 취업하기를 희망하였다. 55～79세 고령자의 57.5%가 향후 취업을 희망하고 있었으며, 취업희망의 주된 이유는 생활비에 보탬이 되기 때문(32.4%)인 것으로 조사되었다(통계청, 2007). 50세 이상 준· 고령자를 대상으로 조사한 이병준 외의 연구(1999)도 동일한 결과를 보여준다. 응답자의 75.2%가 재취업을 선호하였고, 13.7%가 창업을 선호하여 취업희망에 대한 욕구가 매우 높은 것으로 조사되었으며, 72.8%가 생계유지 때문에 재취업을 원하는 것으로 나타나 우리나라 고령자들의 경제상황이 매우 열악함을 알 수 있다. 또한 응답자의 46.1%만이 재취업이 가능할 것으로 기대하고 있어 재취업가능성에 대한 기대는 매우 낮은 것으로 조사되었다.

지금까지 살펴본 우리나라 고령자의 취업현황을 요약하면 고령자의 열악한 경제 사정 때문에 다수의 고령자가 취업을 희망하고 있었다. 또한 선진국의 고령자와 비교할 때 우리나라 고령자의 취업률은 매우 높은 편이지만, 취업고령자의 대부분은 농· 어· 임· 축산업 및 단순노무직종과 같은 직업이 불안정하고 소득이 낮은 직종에 종사하고 있었다.

5 퇴직 현황

서구사회에서 정년퇴직의 개념은 퇴직 후 노령연금의 수급을 전제로 하기 때문에(Atchley, 1988) 퇴직 후 경제적으로 어느 정도 안정된 생활이 가능하다. 그러나 우리나라 대부분의 고령자들은 퇴직연령이 빨라 퇴직과 함께 곧바로 노령연금의 수급이 연계되지 않기 때문에 노후에 재정적으로 안정된 생활을 유지하기가 어렵다. 공적연금이 발달되지 않은 현 상황에서 고령자들의 경제적 상황을 더욱 어렵게 만드는 원인은 사규에 정해진 정년퇴직 연령이 제대로 준수되지 않는 데 있다. 50세 이상 미취업준·고령자를 대상으로 조사한 이병준 외의 연구(1999)에 의하면 실직사유 가운데 기업의 구조조정으로 인한 명예퇴직 등 자신이 원하지 않은 퇴직이 46.8%로 가장 많았고, 단지 18.4%만이 정년퇴직으로 실직한 것으로 나타났다. 노동의 유연성이 강조되는 신자유주의적 세계화의 거친 흐름 속에서 본인의 의지와 상관없이 강제적으로 실직되는 근로자는 앞으로 더욱 증가될 것으로 예상되어 이에 대한 적절한 대비책 마련이 시급히 요구된다.

<표 2-8>은 2006년 노동부가 근로자 300인 이상 사업장 1,950개소를 대상으로 조사한 단일정년제를 채택하는 사업장의 업종별 및 규모별 평균정년을 나타내고 있다. 조사대상 기업의 95.7%(1,867개)이 정년제를 운영하고 있었고, 정년제를 운영하는 기업의 76.2%(1,423개)가 직급 또는 직종에 관계없이 모든 근로자에게 동일한 정년을 적용하는 단일정년제를 운영하고 있었다. 단일정년제를 채택하는 기업의 평균정년연령은 56.93세로, 업종별로는 부동산 및 임대업이 58.40세 가장 높았고, 운수업은 58.27세, 전기가스수도업이 58.0세로 평균정년연령보다 약간 높은 반면 제조업, 도·소매업, 건설업의 정년연령이 다소 낮았다. 기업의 규모에 따른 평균정년연령에 있어서도 거의 차이가 없었다. 정년을 55세로 정한 기업이 가장 많은 42.9%(611개소)를 차지하였고, 58세가 23.4%(333개소), 60세 이상은 16.5%(235개소)에 불과하였다.

<표 2-8>이 보여주듯이 우리나라 정년제도의 문제점은 고용상 연령차별금지 및 고령자고용 촉진에 관한 법률 제19조(법제처, http://www.

moleg.go.kr)에 명시된 "사업주가 근로자의 정년을 정하는 경우에는 그 정년이 60세 이상이 되도록 노력하여야 한다."라는 정년 법조항이 유명무실하다는 데 있다. 즉, 고령자고용과 관련하여 정부가 제정한 법조항에서 정년을 60세 이상으로 권고하고 있으나 평균정년연령이 56.9세로[5] 완전노령연금의 수급연령인 60세 보다 낮고, 평균수명과 고령화 속도를 감안할 때 서구사회의 퇴직연령과 비교할 때 약 7~8년 정도 낮은데서 찾아볼 수 있다.[6] 가장 보편화된 연금인 국민연금의 경우 10년 이상 가입하고 55세에 퇴직할 경우 조기노령연금을 수령할 수는 있지만 급여수준이 낮기 때문에 정년 후 안정된 생활을 유지하기가 어렵다.

정부는 2006년 저출산과 고령사회에 대응한 사회전반의 종합대책인 저출산고령사회 기본계획(일명, 새로마지 플랜 2010)을 발표하였는데 그 내용의 일부는 지금까지 살펴본 노인의 열악한 경제 상황을 고려한 고용과 정년퇴직에 대한 향후 추진계획의 내용을 담고 있다. 주요 내용은 첫째, 연령차별금지의 법제화를 단계적으로 확산시키고, 고령자의 고용을 활성화하기 위하여 임금피크제[7]의 재정지원을 통하여 정년 제도를 개선하고, 셋째, 고령자고용촉진장려금의 지원 대상을 현행 50~64세에서 65세 이상으로 확대하여 활성화 시키고, 넷째, 실버취업박람회의 개최, 고령

5) 정리해고나 명예퇴직 등을 고려한다면 실질적인 평균정년연령은 더 낮음.

6) 2005년 OECD 회원국의 남성과 여성의 공식적인 정년연령은 각각 64.4세, 63.3세였다. 대부분의 국가가 65세였으며 아이슬란드와 노르웨이가 각각 67세로 가장 높았으며, 우리나라의 공식적인 정년연령은 60세로 OECD 회원국 가운데 터키와 함께 가장 낮았다(OECD, 2006a).

7) 임금피크제란 일정 연령(피크 연령)이 지나면 생산성에 따라 임금을 줄이는 대신 정년을 보장하거나 일정기간 고용을 연장해 주는 방식의 임금제도를 말한다. 임금피크제의 유형으로는 정년보장형, 정년연장형, 고용연장형이 있다. 정년보장형은 이미 정해진 회사의 정년을 기업이 보장하는 것을 전제로 일정 연령이 지나면 그 시점부터 임금의 일정금액을 삭감하는 방식이다. 정년연장형은 국민연금 수급개시연령의 상향조정에 맞춰 정년을 연장하는 대신 기존 정년의 몇 년 전부터 임금을 삭감하는 방식이다. 고용연장형은 정년이 되어 퇴직한 근로자를 계약직이나 촉탁직 등의 비정규직으로 다시 고용하는 방식이다(노동부 홈페이지, http://www.molab.go.kr).

〈표 2-8〉 단일정년제 채택사업장의 업종별·규모별 평균정년(2006년)

구분		단일	평균 정년	54세 이하	55세	56세	57세	58세	59세	60세	61세	62세	63세	64세	65세
계		사업장수	56.93	7	611	69	145	333	23	195	13	2	3	2	20
		근로자수		3,414	753,462	77,973	154,641	526,919	26,479	167,339	7,087	1,010	1,333	1,213	12,785
업종별	농림어업	사업장수	–	0	0	0	0	0	0	0	0	0	0	0	0
		근로자수		0	0	0	0	0	0	0	0	0	0	0	0
	광업	사업장수	57.71	0	1	0	2	2	1	1	0	0	0	0	0
		근로자수		0	2,836	0	645	1,510	1,112	470	0	0	0	0	0
	제조업	사업장수	56.54	1	306	49	81	136	8	61	1	0	0	0	3
		근로자수		453	419,084	46,932	101,323	211,837	6,140	54,841	353	0	0	0	1,736
	전기가스 수도업	사업장수	58.00	0	1	1	0	19	0	1	1	0	0	0	0
		근로자수		0	751	595	0	14,757	0	740	443	0	0	0	0
	건설업	사업장수	56.21	1	34	1	4	5	0	6	0	0	0	0	1
		근로자수		449	51,737	3,476	7,741	6,508	0	2,927	0	0	0	0	548
	도매 및 소매업	사업장수	56.26	0	45	3	5	10	1	9	0	0	0	0	0
		근로자수		0	38,899	3,183	10,523	6,875	620	8,364	0	0	0	0	0

업종별	숙박 및 음식점	사업장수	56.59	1	13	1	12	5	1	4	0	0	0	0	0
		근로자수		774	19,523	341	11,421	3,966	362	2,777	0	0	0	0	0
	운수업	사업장수	58.27	0	12	1	4	26	3	25	3	0	0	0	0
		근로자수		0	16,449	379	3,059	50,679	1,038	18,550	1,287	0	0	0	0
	통신업	사업장수	57.19	0	5	1	0	8	0	2	0	0	0	0	0
		근로자수		0	5,477	377	0	14,669	0	2,770	0	0	0	0	0
	금융 및 보험업	사업장수	56.73	0	40	1	1	42	3	3	0	0	0	0	0
		근로자수		0	58,117	501	370	147,902	11,386	1,812	0	0	0	0	0
	부동산 및 임대업	사업장수	58.40	0	2	0	0	1	1	0	0	0	0	0	1
		근로자수		0	1,446	0	0	439	855	0	0	0	0	0	538
	기타 서비스업	사업장수	57.49	4	152	11	36	79	5	83	8	2	3	2	15
		근로자수		1,738	139,143	22,189	19,559	67,777	4,966	74,088	5,004	1,010	1,333	1,213	9,963
규모별	300-499인	사업장수	56.97	6	265	26	53	117	8	100	9	1	2	1	9
		근로자수		2,640	101,298	10,115	20,191	45,947	2,687	39,733	3,550	483	762	398	3,468
	500-999인	사업장수	56.95	1	206	23	56	119	9	59	2	1	1	1	9
		근로자수		747	143,050	14,796	39,780	80,928	5,786	41,098	1,427	527	571	815	5,832
	1000인 이상	사업장수	56.83	0	140	20	36	97	6	36	2	0	0	0	2
		근로자수		0	509,114	53,062	94,670	400,044	18,006	86,508	2,110	0	0	0	3,485

자료: 노동부(2007). 보도자료. '고령화는 잰걸음, 기업 평균정년은 게걸음.

자 인재은행의 확대, 고령자 취업알선기관의 구인·구직 데이터베이스 연계 등 고용서비스 네트워크를 강화시키고, 다섯째, 중·고령자 직업훈련기관에 대한 지원을 강화하는 등 매우 다양한 계획안을 마련해 놓고 있다(대한민국 정부, 2006). 즉, 기본 골자는 저출산 고령사회에 대비한 노인인력의 적극적인 활용이라고 볼 수 있다.

제2장에서는 노년기 삶의 질에 가장 많은 영향을 미치는 고령층의 경제 상황과 그들의 경제력과 관계가 있는 고용 및 퇴직 현황에 대하여 살펴보았다. 우리나라 고령층의 대부분은 정부의 관심부족과 재정 한계로 경제적인 어려움에 처해 있다. 자녀로부터의 재정지원이 가장 보편적인 소득원인 반면 노후소득원으로 가장 중요한 역할을 하는 공적연금의 혜택을 보는 고령자의 비율이 매우 낮은 상황이다. 연령별 소득수준과 자산을 비교하면 60세 이상 고령자의 소득수준이 가장 낮음에도 불구하고 그들의 자산수준이 다른 연령대와 비교하여 양호한 이유는 60세 이상 고령자간 소득불평등이 심하기 때문이다.

서구사회의 노인들과 비교하여 우리나라 고령층의 경제활동참가율은 매우 높지만 대부분의 고령자들이 불안정하고 소득이 적은 농·어업이나 단순직에 종사하고 있었다. 노후의 경제적 불안정을 반영하듯 고령자의 대부분은 재정적인 문제를 해결하기 위해서 취업을 희망하고 있었으나 재취업의 가능성에 대한 기대는 매우 낮았다.

300인 이상의 근로자를 고용하는 우리나라 기업 가운데 단일정년제를 채택하고 있는 기업의 평균정년연령은 56.9세로 서구사회와 비교하여 평균 7~8세가 낮았다. 선진국의 경우 정년이라는 개념에는 노령연금의 수급을 의미하지만 우리나라의 경우는 기업의 구조조정이나 명예퇴직과 같은 근로자 본인의 의사와 상관없이 행해지는 퇴직이 많고 정년퇴직연령이 빠르기 때문에 노령연금의 혜택을 보지 못하는 퇴직자가 많아 노후생활을 더욱 어렵게 만들고 있다.

우리나라 고령자들의 경제 상황은 '빈곤과 소득의 양극화', '고용의 불안정', '이른 정년퇴직연령'의 악순환과 매우 밀접한 관계가 있다. 사회보장이 미약한 상황 속에서 진행된 저출산과 고령인구의 증가는 경제활동인구의 감소로 이어져 노년부양비가 급속하게 증가하고 있다. 이러한 우리의 현실을 고려할 때 고령인력의 활용은 고령자의 소득증진뿐만 아니라 미래 국가의 복지재정균형에도 긍정적인 영향을 미치는 중대한 과제임에 틀림없다.

제 3 장

고령자고용정책 현황과 개선방향

제2장에서 살펴 본 바와 같이 우리나라 고령자들은 사회보장제도의 미흡과 그로 인한 공적연금 수급률의 저조, 이른 정년퇴직 등으로 건강문제와 함께 경제적 어려움을 노후의 문제점으로 지적하고 있다. 그들의 대부분의 주요 소득원은 자녀로부터의 재정지원이며, 경제적 빈곤을 해결하기 위하여 취업을 희망하고 있다. 이러한 상황에서 고령자의 취업을 활성화하여 안정된 노후를 보장하는 정부의 강력한 고령자고용정책은 매우 중대한 과제라 할 수 있다. 특히 저출산과 고령인구의 급속한 증가로 인한 경제활동인구의 감소로 노년부양비가 급속하게 증가하고 있는 우리의 현실을 고려할 때 고령인력의 활용은 고령자의 소득증진뿐만 아니라 국가의 복지재정균형에도 이바지할 수 있는 일석이조의 효과를 기대할 수 있다.

그러나 지식과 정보를 특징으로 하는 현대사회에서 창출되는 일자리의 대부분은 전문화된 기술과 지식을 요구하는 데 반해 고령자의 능력은 이러한 요구수준에 미치지 못한다. 고령자의 고용은 젊은 연령층의 고용기회를 감소시키는 효과(소위, 구축효과, replacement effect)를 가져올 수 있으며, 영리를 최고의 목적으로 삼는 자본주의 경제체제에서 생산성을 고려할 때 기업은 고령자의 고용을 선호하지 않는다. 특히 유교적 사상이 지배적인 우리 사회에서 고령층보다 젊은 세대가 자신보다 하위직에 있는 고령자에게 일을 지시하거나 직업을 통제하기가 쉽지 않기 때문에

(김중진 외, 2007) 고령자의 고용을 촉진시키기 위하여 정부가 노동시장에 직접 개입하는 일과 고령자 개인이 노동시장에 진입하는 일은 결코 쉬운 일이 아니다.

서구사회의 경우 성숙산업사회로 접어들면서 발생한 경제성장의 둔화와 저출산으로 경제활동인구가 감소하자 여성과 고령자를 대체노동인력으로 추진하는 정책이 도입되고 있다. 1980년 이후 서구사회에서는 정년제도의 폐지 또는 정년의 연장, 취업활성화와 관련된 제도의 도입 등 다양한 정책을 통하여 고령인력의 활용을 적극적으로 모색하고 있다(문형표 외, 2006). 2005년 세계에서 가장 먼저 초고령사회로 진입한 이웃 일본은 고령자의 고용을 의무화하는 '정년연장법'을 시행하고 있으며, 현행 60세로 되어 있는 정년을 단계적으로 연장하여 2013년에는 모든 기업의 정년이 65세가 될 전망이다(중앙일보, 2007년 9월 18일).

제3장에서는 우리나라 고령자고용정책을 고령자 고용촉진 지원, 고령자 고용촉진시설 지원, 고령자 직업능력개발 지원으로 3분류하여 분석하고자 한다.

1 고령자 고용촉진 지원

정부가 고령인구의 고용을 촉진하기 위하여 추진하고 있는 고령자 고용정책은 고용상 연령차별금지 및 고령자고용촉진에 관한 법률(구, 고령자고용촉진법)과 고용보험법의 조항에 의거하여 운영되고 있으며 고용 관련 주무 정부부서는 노동부다.

1) 고용상 연령차별 금지

정부는 2008년 3월 고령자의 고용을 촉진시키기 위한 방법의 하나로 합리적인 이유 없이 연령을 이유로 고용을 차별할 수 없도록 규정하는 법 조항을 신설하여 과거 고령자고용촉진법을 고용상 연령차별금지 및 고령자고용촉진에 관한 법률로 개정하였다(법제처, http://www.moleg.go.kr). 동 법률은 총칙, 고용상 연령차별금지. 정부의 고령자 취업지원, 고령자의 고용촉진 및 고용안정, 정년, 및 보칙으로 구성되어 있다. 이 법률에서 고령자는 55세 이상인 자로 정의되며, 준고령자는 50세 이상 55세 미만인자로 정의된다.

동 법률 제4조 4항[모집· 채용 등에서의 연령차별 금지]은 사업주는 모집· 채용, 임금· 임금 외의 금품 지급 및 복리후생, 교육· 훈련, 배치· 전보 · 승진, 퇴직· 해고에 있어서 특정 연령집단에 불리한 결과를 초래하는 경우 연령차별로 보고 연령을 이유로 근로자 또는 근로자가 되려는 자를 차별하지 못하도록 규정하고 있다. 다만 직무성격상 특정 연령기준이 불가피할 경우나 근속기간의 차이를 고려하여 임금이나 임금 외 금품과 복리후생에서의 합리적인 차등은 차별금지의 예외로 규정하고 있다(4조 5항).

동 법률 조항에 의거하여 연령차별을 당한 피해자는 국가인권위원회에 그 내용을 진정할 수 있으며, 국가인권위원회는 진정을 조사한 결과 연령차별이 있다고 판단될 경우 피진정인, 그 소속기관· 단체 또는 감독기관의 장에게 구제조치를 권고할 수 있다(4조 6항). 만약 사업주가 정당한 사유 없이 권고를 이행하지 않을 경우 그 피해의 정도가 심각하다고 인정되면 피해자의 신청에 의하거나 노동부장관 직권으로 시정명령을 할 수 있도록 규정하고 있다(4조 7항). 또한 사업주는 근로자가 이 법이 금지하는 연령차별행위에 대한 진정, 자료제출, 답변, 증언, 소송, 신고 등을 하였다는 이유로 근로자에게 해고, 전보, 징계, 그 밖의 불리한 처우를 금지하고 있다(4조 9항). 4조 9항을 위반하여 근로자에게 불리한 처우를 한 사업주에게는 2년 이하의 징역 또는 1천만 원 이하의 벌금에 처하도록 규정하고 있으며, 4조 4항, 즉, 근로자의 모집과 채용에 있어서 합리적인 이유 없이 연령을 이유로 차별한 사업주에게는 500만 원 이하의 벌금에 처하도록 규정하고 있어(23조 3항), 연령차별금지와 그로 인해 발생되는 근로자에 대한 불리한 처우에 대한 정부의 의지가 매우 강력함을 알 수 있다.

2008년 고령자고용촉진법이 개정되면서 신설된 고용상 연령차별금지 조항은, 우리나라 고령자취업담당자들이 고령자 고용정책의 가장 큰 문제점으로 "사용주의 고용기피(60.4%)"를 지적하고 있으며(황진수 외, 2001), 50세 이상 근로자 가운데 76.6%가 고용과 관련하여 연령으로 인한 차별이 있다고 지적하고 있으며, 근로자 가운데 90.0%가 정당한 이유 없이 고용상의 연령차별을 금지하는 제도의 도입에 찬성하고 있음을 고려할 때(조용만, 이인재, 2007), 모집, 채용, 퇴직 및 해고 등 고용과 관련하여 고령이라는 이유로 불이익을 당하고 있는 우리나라 고령자의 고용활성화에 많은 기여를 할 것으로 기대된다.

2) 고령자 기준고용률

정부는 고령자의 고용을 촉진시키기 위하여 관련 법률에 고령자 기준고용률을 규정하고 있다. 고용상 연령차별금지 및 고령자고용촉진에 관한 법률 12조와 고령자고용촉진법 시행령 4조에 의하여 상시 300인 이상의 근로자를 고용하는 사업주는 사업장의 업종에 따른 기준고용률 이상의 고령자(55세 이상)를 고용하도록 노력하여야 한다. 업종별 고령자 기준고용률은 제조업 2%, 운수업, 부동산 및 임대업 6%, 그 외 업종은 3%로 규정하고 있다.

2005년 말을 기준으로 우리나라 상시근로자 300인 이상 사업장 1,852개소를 대상으로 고령자의 고용현황을 조사한 자료(노동부, 2006)에 의하면(<표 3-1>), 상시근로자 약 2백 1십 6만 3천명 가운데 55세 이상 고령근로자는 약 1십만 7천 명으로 고령자 고용률은 4.94%로 전년과 비교하여 0.43% 포인트 상승하였으며, 업종에 따라 고령자 고용률의 편차가 매우 큰 것으로 조사되었다. 광업의 경우 고령자 고용률은 14.87%, 기타서비스업 10.82%, 부동산 및 임대업 10.0%, 운수업 8.13%, 농림어업 6.06%, 전기·가스·수도업 5.1%, 건설업 5.07% 순으로 이들 업종에서는 고령자 고용률이 높게 나타난 반면, 통신업 0.81%, 도매 및 소매업 0.85%, 금융 및 보험업 1.13%, 제조업 1.86%로 정부가 규정한 고령자 고용률 보다 훨씬 낮았다. 전년도와 비교하여 고령자 고용률이 가장 많이 증가한 업종은 광업 분야(3.54% 포인트 증가)였으며, 농립어업(2.68% 포인트), 부동산 및 임대업(2.45% 포인트) 순이었다.

사업장 규모에 따른 고령자 고용률을 살펴보면, 근로자 500~999인을 고용하는 사업장의 고용률이 가장 높은 7.91%이었으며, 1,000인 이상을 고용하는 대기업의 고령자 고용률이 가장 낮았다(3.56%).

노동부에서 정한 업종별 고령자 기준고용률 이행 현황을 살펴보면(<표 3-2>), 기준고용률을 초과한 사업장은 849개소로 전체 사업장 가운데 45.8%를 차지하였고, 기준고용률에 미달한 사업장은 54.2%(1,003개소)였다. 농림어업과 광업의 경우는 업종 특성상 특정한 기술이 요구되지 않는 단순 업무이기 때문에 고령자를 고용하기가 용이하여 고령자 기준고용률 3%를 모두 초과 달성하였다.

반면 다른 업종의 모든 사업장은 노동부가 정한 고령자 기준고용률을 달성하지 못하였다. 통신업의 경우 노동부에서 정한 고령자 기준고용률 3%를 달성한 사업장은 한 곳도 없었으며, 도매 및 소매업의 경우 사업

〈표 3-1〉 근로자 300인 이상을 고용하는 사업장의 55세 이상 고령자 고용현황

(단위: 개소, %, % point)

<table>
<tr><th rowspan="3" colspan="2">구분</th><th rowspan="3" colspan="2">사업장</th><th rowspan="3" colspan="2">상시근로자</th><th colspan="3">고령자</th></tr>
<tr><th rowspan="2">고령 근로자</th><th colspan="2">고 용 률</th></tr>
<tr><th></th><th>전년 대비</th></tr>
<tr><td rowspan="13">업종별</td><td>계</td><td>1,852</td><td>(100.00)</td><td>2,162,947</td><td>(100.00)</td><td>106,796</td><td>4.94</td><td>0.43</td></tr>
<tr><td>농림어업</td><td>2</td><td>(0.11)</td><td>743</td><td>(0.03)</td><td>45</td><td>6.06</td><td>2.68</td></tr>
<tr><td>광업</td><td>5</td><td>(0.27)</td><td>4,877</td><td>(0.23)</td><td>725</td><td>14.87</td><td>3.54</td></tr>
<tr><td>제조업</td><td>737</td><td>(39.79)</td><td>830,820</td><td>(38.41)</td><td>15,452</td><td>1.86</td><td>0.07</td></tr>
<tr><td>전기가스 수도업</td><td>39</td><td>(2.11)</td><td>36,227</td><td>(1.67)</td><td>1,847</td><td>5.10</td><td>0.36</td></tr>
<tr><td>건설업</td><td>52</td><td>(2.81)</td><td>63,336</td><td>(2.93)</td><td>3,209</td><td>5.07</td><td>△1.06</td></tr>
<tr><td>도매 및 소매업</td><td>88</td><td>(4.75)</td><td>102,569</td><td>(4.74)</td><td>870</td><td>0.85</td><td>△0.20</td></tr>
<tr><td>숙박 및 음식점업</td><td>40</td><td>(2.16)</td><td>38,474</td><td>(1.78)</td><td>1,009</td><td>2.62</td><td>0.08</td></tr>
<tr><td>운수업</td><td>128</td><td>(6.91)</td><td>153,926</td><td>(7.12)</td><td>12,521</td><td>8.13</td><td>△0.39</td></tr>
<tr><td>통신업</td><td>16</td><td>(0.86)</td><td>63,587</td><td>(2.94)</td><td>516</td><td>0.81</td><td>0.02</td></tr>
<tr><td>금융및보험업</td><td>104</td><td>(5.62)</td><td>241,120</td><td>(11.15)</td><td>2,733</td><td>1.13</td><td>0.02</td></tr>
<tr><td>부동산및임대업</td><td>4</td><td>(0.22)</td><td>1,870</td><td>(0.09)</td><td>187</td><td>10.00</td><td>2.45</td></tr>
<tr><td>기타서비스업</td><td>637</td><td>(34.39)</td><td>625,398</td><td>(28.91)</td><td>67,682</td><td>10.82</td><td>0.61</td></tr>
<tr><td rowspan="4">규모별</td><td>계</td><td>1,852</td><td>(100.00)</td><td>2,162,947</td><td>(100.00)</td><td>106,796</td><td>4.94</td><td>0.43</td></tr>
<tr><td>300~499인</td><td>746</td><td>(40.28)</td><td>289,659</td><td>(13.39)</td><td>20,840</td><td>7.19</td><td>0.59</td></tr>
<tr><td>500~999인</td><td>648</td><td>(34.99)</td><td>443,689</td><td>(20.51)</td><td>35,076</td><td>7.91</td><td>0.57</td></tr>
<tr><td>1,000인 이상</td><td>458</td><td>(24.73)</td><td>1,429,599</td><td>(66.09)</td><td>50,880</td><td>3.56</td><td>0.53</td></tr>
</table>

주) 고령자 고용률 = 55세 이상 근로자 / 상시근로자수×100

자료: 노동부(2006). 300인 이상 사업장 고령자 고용현황조사 분석.

〈표 3-2〉 업종별 고령자 기준 고용률 이행 현황(단위: 개소, 명)

구분	기준 고용률	계			기준고용률 초과			기준고용률 미만		
		사업장수	근로자수	고령자수	사업장수	근로자수	고령자수	사업장수	근로자수	고령자수
계		1,852	2,162,947	106,796	849	769,645	93,496	1,003	1,393,302	13,300
농림어업	3%	2	743	45	2	743	45	0	0	0
광업	3%	5	4,877	725	5	4,877	725	0	0	0
제조업	2%	737	830,820	15,452	277	247,999	11,184	460	582,821	4,268
전기가스 수도업	3%	39	36,227	1,847	32	26,079	1,652	7	10,148	195
건설업	3%	52	63,336	3,209	35	40,283	2,813	17	23,053	396
도매 및 소매업	3%	88	102,569	870	7	3,269	229	81	99,300	641
숙박 및 음식점	3%	40	38,474	1,009	17	11,098	691	23	27,376	318
운수업	6%	128	153,926	12,521	97	91,330	10,681	31	62,596	1,840
통신업	3%	16	63,587	516	0	0	0	16	63,587	516
금융 및 보험업	3%	104	241,120	2,733	17	15,310	634	87	225,810	2,099
부동산 및 임대업	6%	4	1,870	187	2	900	174	2	970	13
기타 서비스업	3%	637	625,398	67,682	358	327,757	64,668	279	297,641	3,014

자료: 노동부(2006). 300인 이상 사업장 고령자 고용현황조사 분석.

장의 92.0%가 기준고용률을 달성하지 못하였고, 금융 및 보험업 83.7%, 제조업 62.4%, 숙박 및 음식업 57.5%, 부동산 및 임대업 50.0% 순으로 고령자 기준고용률을 달성하지 못하였다. 만약 고령자 기준고용률 미달 사업장 1,003개소에서 노동부가 정한 기준고용률을 달성할 경우 24,575명의 고령자가 추가 고용될 것으로 예상된다.

고령자 기준고용률 제도와 관련된 문제점은 고용상 연령차별금지 및 고령자고용촉진에 관한 법률 12조에 의거 고령자의 고용과 관련하여 사업주는 고령자 기준고용률 이상의 고령자를 고용하도록 노력하여야 한다는 권장사항으로 되어 있다는 점이다. 기준고용률에 미달하는 사업주에게 정부에서 취할 수 있는 방법은 기준고용률 이행에 관한 계획을 작성, 제출하도록 요청하고 이행하도록 권고하고, 고용확대를 요청할 수 있을 뿐(17조) 처벌과 같은 강력한 법적 구속이 마련되지 않아 법의 효력에 대해서는 회의적이라고 볼 수 있다.

3) 준고령자·고령자 우선고용직종

노동부는 준고령자와 고령자(이하 준·고령자)의 고용을 촉진시키기 위하여 1992년부터 고령자 적합 직종을 선정하여 운영하였으며, 2003년부터 준·고령자 우선고용직종으로 명칭을 변경하여 공공부문의 70개 직종과 민간부문의 90개 직종을 고시하여 운행하였다. 그러다가 2008년 7월 준·고령자를 우선적으로 고용할 직종을 개정하여, 공공부문 47개 직종, 민간부문 83개 직종[1)]을 선정하였으며 2009년 1월부터 실시될 예정이다(노동부고시 제2008-56호). 따라서 공공부문은 「고용상 연령차별금지 및 고령자고용촉진에 관한 법률」 16조에 의하여 국가, 지방자치단체, 정부투자기관, 정부출연기관 및 정부출자·위탁기관은 공공부문의 47개 준·고령자 우선고용직종에 준·고령자를 우선적으로 고용하여야 하며, 사업주는 83개 민간부문 준·고령자 우선고용직종에 준·고령자를 우선적으로 고용하도록 노력하여야 한다. 또한 공공기관은 우선고용직종에 대한 고용현황을 매년 노동부장관에게 제출하여야 한다(시행령 6조).

<표 3-3>은 시행령 6조에 의거 2007년 216개 공공기관이 노동부장관에게 제출한 준·고령자 우선직종에 대한 고용현황을 분석한 결과이다. 2006년 216개 공공기관의 우선고용직종 부문 종사자 159,098명 가운데

1) 2008년 노동부에서 고시한 공공부문 47개 직종과 민간부문의 83개 직종은 <부록 1> 참고할 것.

〈표 3-3〉 준·고령자 우선고용직종에 대한 공공기관의 고용현황

(2006년 기준 단위: 명, %)

구분	종사자(현원)	50~54세 준고령자			55세 이상 고령자			전체 고령자		
		고용현황	고용률	05년 대비 증감률	고용현황	고용률	05년 대비 증감률	고용현황	고용률	05년 대비 증감률
총계	159,098	24,105	15.2	1.5	17,932	11.3	0.9	42,037	26.4	2.3
	145,786	19,947	13.7		15,210	10.4		35,157	24.1	
국가기관	26,753	3,845	14.4	2.7	2,496	9.3	1.0	6,311	23.7	3.8
	22,224	2,594	11.7		1,838	8.3		4,432	19.9	
지자체	52,799	11,552	21.9	2.8	10,616	20.1	2.9	22,168	42.0	6.0
	53,825	10,273	19.1		9,279	17.2		19,552	36.0	
투자기관	7,208	946	13.1	-2.0	474	6.6	-5.7	1,420	19.7	-7.6
	4,288	646	15.1		526	12.3		1,172	27.3	
출연기관	8,144	1,627	20.0	1.5	1,208	14.8	1.3	2,835	34.8	2.8
	7,098	1,311	18.5		957	13.5		2,268	32.0	
교육청	60,112	5,494	9.1	0.9	2,731	4.5	0.3	8,225	13.7	1.3
	53,737	4,392	8.2		2,273	4.2		6,665	12.4	
헌법기관	441	47	10.7	-0.1	18	4.1	1.2	65	14.7	1.1
	361	39	10.8		10	2.8		49	13.6	
출자기관	1,167	322	27.6	2.4	216	18.5	7.9	538	46.1	10.4
	1,117	281	25.2		118	10.6		399	35.7	
위탁기관	2,474	272	11.0	-2.1	173	7.0	0.3	445	18.0	-1.8.
	3,136	411	13.1		209	6.7		620	19.8	

[주] ▒▒▒ 은'05년도 우선고용직종 고용현황임

자료: 김중진 외(2007). 고령자 우선고용직종 분석 및 재평가(연구보고서).

50~54세 준고령자는 24,105명으로 15.2%를 차지하였고, 55세 이상 고령자는 17,932명으로 11.3%를 차지하여 우선고용직종에 대한 준· 고령자 고용률은 26.4%에 불과하였다. 1년 전 2005년도의 고령자 고용률과 비교하여 준고령자 고용률은 1.5% 포인트, 고령자 고용률은 0.9% 포인트, 전체 준· 고령자 고용률은 2.3% 포인트 증가하였으나 일반 사기업과 달리 법률 조항을 준수할 책임이 있는 공공기관임을 고려할 때 준· 고령자 고용률 26.4%는 너무 낮은 수치이다.

1년 전인 2005년도와 비교하여 우선고용직종에 대한 고령자 고용률이 가장 많이 감소한 공공기관은 투자기관(7.6% 포인트)이었고, 출자기관이 가장 많이 증가하였다(10.4% 포인트).

2006년도 준· 고령자 우선고용직종에 있어서 준고령자 고용률이 높은 기관은 출자기관(27.6%), 지자체(21.9%), 출연기관(20.0%) 순이었고, 고령자 고용률의 경우는 지자체(20.1%), 출자기관(18.5%, 출연기관(14.8%) 순이었다. 전체 고령자 고용률이 가장 높은 공공기관은 출자기관(46.1%)이었고, 그 다음은 지자체였다(42.0%).

<표 3-4>는 2006년도 공공기관의 준· 고령자 우선고용직종에 있어서 준· 고령자 신규 채용률 현황을 나타내고 있다. 2006년 공공기관은 준· 고령자 우선고용직종에서 신규로 40,327명을 채용하였으며, 이 가운데에서 준고령자의 채용인원은 5,116명으로 채용률은12.7%였으며, 고령자는 8,795명(채용률: 21.8%)로, 전체 고령자 채용인원은 13,911명으로 채용률은 34.5%였다. 이 수치는 전년도와 비교하여 10.1% 포인트 증가한 것이지만, 공공기관에서 준· 고령자 우선고용직종의 종사자를 신규로 채용할 때 준· 고령자를 우선 고용하여야 한다는 규정이 유명무실함을 보여주는 사례이다.

〈표 3-4〉 2006년 준·고령자 우선고용직종의 준·고령자 신규 채용률 현황(단위: 명,%)

구분	채용 인원	50~54세 준고령자			55세 고령자			전체 고령자		
		채용 인원	채용률	05년 대비 증감률	채용 인원	채용률	05년 대비 증감률	채용 인원	채용률	05년 대비 증감률
총계	40,327	5,116	12.7	4.1	8,795	21.8	6.1	13,911	34.5	10.1
	36,126	3,122	8.6		5,661	15.7		8,772	24.3	
국가 기관	7,702	525	6.8	0.2	1,528	19.8	-4.2	2,053	26.7	-3.7
	5,603	371	6.6		1,346	24.0		1,706	30.4	
지자체	14,076	2,853	20.3	5.7	5,737	40.8	8.7	8,590	61.0	14.3
	9,768	1,425	14.6		3,134	32.1		4,559	46.7	
투자 기관	410	30	7.3	-1.7	38	9.3	-12.6	68	16.6	-14.3
	608	55	9.0		133	21.9		188	30.9	
출연 기관	605	103	17.0	-0.1	160	26.8	7.4	263	44.1	7.3
	625	107	17.1		121	19.4		228	36.5	
교육청	15,350	1,409	9.2	3.4	1,038	6.8	2.8	2,447	15.9	6.2
	17,514	1,005	5.7		700	4.0		1,705	9.7	
헌법 기관	4	0	0.0	0.0	2	50.0	50.0	2	50.0	50.0
	3	0	0.0		0	0.0		0	0	
출자 기관	274	42	15.3	0.1	199	72.6	5.7	241	88.0	5.8
	236	36	15.3		158	66.9		194	82.2	
위탁 기관	1,906	154	8.1	1.1	93	4.9	1.0	247	13.0	2.1
	1,769	123	7.0		69	3.9		192	10.9	

[주] ▒은'05년도 우선고용직종 고용현황임
자료: 김중진 외(2007). 고령자 우선고용직종 분석 및 재평가(연구보고서).

2006년도 우선고용직종에서 준· 고령자의 채용률이 증가한 원인은 지자체(8,590명을 채용하여 신규채용인원의 61.0%)와 교육청에서 (2,447명을 채용하여 신규채용인원의 15.9%) 고령자를 많이 채용하였기 때문이었다.

공공기관의 경우 법률에 의하여 준· 고령자 우선고용직종에 있어서 신규채용과 결원 충원시 준· 고령자를 우선적으로 채용하여야 함에도 불구하고 2006년 우선고용직종에 있어서 신규로 채용한 인원 40,327명 가운데 준· 고령자의 채용률은 34.5%로 매우 낮았다. 이러한 이유는 준· 고령자 우선채용이 의무사항이라기 보다는 권고사항이고 이를 위반하였을 경우에 대한 법적인 제재가 너무 미약하기 때문인 것으로 판단된다. 「고용상 연령차별금지 및 고령자고용촉진에 관한 법률」 17조에 의하면, 준· 고령자 우선고용직종에 있어서 준· 고령자를 고용자를 우선적으로 고용하지 않을 경우 노동부장관은 그 사유를 제출하게 할 수 있으며, 그 사유가 정당하지 않을 경우 준· 고령자의 고용을 확대하여 줄 것을 요청할 수 있다. 만약 노동부장관의 이러한 요청에도 불구하고 정당한 사유 없이 이를 따르지 않을 경우 그 내용을 공표하거나 직업안정 업무를 하는 행정기관에서 제공하는 직업지도와 취업알선 등 고용 관련 서비스를 중단할 수 있다(18조). 이러한 문제점을 해결하기 위해서는 제일 먼저, 정부에서 준· 고령자 우선고용직종으로 선정한 직종이 과연 현실적으로 합리적인가를 검토할 필요성이 있다고 판단된다. 즉, 정부에서 우선고용직종으로 선정한 직종에 있어서 공공기관이 준· 고령자를 고용하지 못하는 업무상의 특별한 이유가 있는지를 조사할 필요성이 있다. 김중진 외의 연구(2007) 결과 고령자 우선고용직종에 대한 목표채용률을 설정하고, 이를 공공기관에 의무화하는 방안에 대하여 응답기관의 63.6%가 반대하였으며, 반대하는 주요 이유 가운데 하나로 "기관 특성에 따라 고령자를 채용하기 어려움"이 지적되어 이러한 주장을 뒷받침하고 있다. 이와 함께 현재 준·고령자의 고용을 권고사항으로 규정하고 있는 법조항을 의무사항으로 전환하고, 이를 준수하지 않을 경우 적절한 법적인 제재를 강화시키는 방안을 검토할 필요성이 있다고 판단된다.

4) 정년연장과 정년연장장려금

[고용상 연령차별금지 및 고령자고용촉진에 관한 법률] 19조와 고령자고용촉진법 시행령 7조에 의거 상시 300인 이상의 근로자를 사용하는 사업주는 근로자의 정년을 정하는 경우에는 그 정년이 60세 이상이 되도록 노력하여야 한다. 사업주는 노동부령으로 정하는 바에 따라 매년 정년제도의 운영 현황을 노동부장관에게 제출하여야 하며, 정년을 현저히 낮게 정하는 사업주에게는 정년연장에 관한 계획을 작성하여 제출할 것을 요청하는 등 정년 연장지도를 하고 있다(20조). 그러나 2장에서 살펴본 바와 같이 2006년 근로자 300인 이상 사업장 1,950개소를 대상으로 노동부가 조사한 연구(노동부, 2007) 결과 76.2%가 단일정년제를 운영하고 있었고, 단일정년제를 채택하는 기업의 평균정년연령은 56.93세로 법의 규정보다 약 3세 낮은 것으로 조사되었다. 또한 정년을 60세 이상으로 규정한 사업 장수는 235개(16.5%)에 불과하여 정년연장 법조항이 유명무실함을 알 수 있다. 정년연장과 관련된 문제점은 법조항이 의무사항이 아니고 단순한 권장사항이기 때문에 대부분의 사업주는 생산성과 인건비 등을 고려하여 정년을 60세 이상으로 연장할 의지가 약할 수 있다는 것이다.

정부에서는 고용보험법 23조와 고용보험법 시행령 25조에 의거 고령자고용촉진장려금의 하나로 정년을 기존에 정한연령보다 1년 이상 연장하고, 그 정년이 56세 이상인 사업장에서 18개월 이상 근무한 고령자를 정년연장으로 계속 고용한 사업주에게 1인당 월 30만 원을 정년이 연장된 기간의 1/2 기간 동안 지원하는 정년연장장려금제도를 2008년 1월부터 시행되고 있다. 단 고용보험법에 따라 임금피크제보전수당을 지급받는 자는 제외된다(노동부, http://www.molab.go.kr). 이 제도의 문제점으로 유길상 외(2008)는 '사중손실(deadweight loss)'를 지적하고 있다. 즉, 정년연장장려금제도가 없더라도 고령자를 계속 고용할만한 기업이 주로 혜택을 보게 되어 사회 전체적으로 순수한 고용창출효과가 발생하지 않게 된다는 것이다.

5) 고령자고용촉진장려금

정부는 고용보험법 23조와 시행령 25조에 의하여 고령자의 고용촉진을 장려하여 고령자의 고용기회 확대와 인력난 완화 및 고령자의 소득보장을 도모하기 위하여 고령자고용촉진장려금제도를 운영하고 있다. 고령자고용촉진장려금은 <표 3-5>와 같이 고령자 다수고용장려금, 정년퇴직자 계속고용장려금, 고령자 신규고용장려금으로 분류할 수 있다.

<표 3-6>은 1998년부터 2007년 동안 고령자고용촉진장려금의 지원 현황을 나타내고 있다. 1998년부터 2003년까지는 해마다 꾸준히 증가하였으나 2004년부터 2006년까지는 오히려 감소하였고 2007년 다시 증가하였다. 2007년 고령자고용촉진장려금제도로부터 재정 지원을 받은 사업장은 53,761개소였으며, 지원을 받은 50세 이상 고령자는 259,357명이었고, 지원 금액은 약 400억 원이었다.

<표 3-7>은 2006년 고령자고용촉진장려금의 종류별에 따른 정부의 지원 현황을 나타내고 있다. 고령자고용촉진장려금의 대부분은 고령자 다수고용장려금에 집중되었다. 지원건수, 지원인원, 지원 금액에 있어서 각각 95% 이상을 차지하여 장려금의 유형에 따른 이용률에 현저한 차

〈표 3-5〉 고령자고용촉진장려금의 유형에 따른 지원요건 및 지원수준**

구분	지원요건	지원수준(2008년 기준)
고령자 다수고용 장려금	고용기간이 1년 이상인 55세 이상 고령자를 업종별 지원기준율 이상 고용 <업종별 지원기준율> －매 분기 당해 사업의 월평균 근로 자수에 대한 월평균 고령근로자수의 비율을 말함. 4%: 제조업, 통신업, 금융업, 보험 및 연금업, 금융 및 보험 관련 서비스업 16%: 석탄, 원유 및 천연가스 광업, 광업지원 서비스업, 하 수, 폐수 및 분뇨 처리업, 환경 정화 및 복원업 등 24%: 임업, 사업시설 관리 및 조경 서비스업 등 42%: 부동산업 7%: 그 밖의 업종	업종별 지원기준율 초과 고령자 1인당 분기별 18만원씩 5년간 지원 분기당 지원 금액은 고시금액에 당해 사업근로자수의 15%를 곱한 금액을 초과할 수 없음(대규모 기업 10%)
정년 퇴직자 계속고용 장려금	정년을 57세 이상으로 정한 사업장에서 18개월 이상 계속근무한 후 정년이 도래한 자를 퇴직시키지 아니하거나, 정년퇴직 후 3개월 이내에 재고용한 사업주(다만 계속고용기간이 1년 이하인 경우나 계속고용(재고용) 전 3년 이내 정년을 단축하는 경우는 제외함. 또한 고용 전 3월, 고용 후 6개월간 근로자를 고용조정으로 이직시킨 경우는 제외함)	1인당 월 30만원씩 6개월간 지원(500인 이하 제조업은 12개월간 지원)
*고령자 신규고용 장려금	고용지원센터(고령자인재은행, 국가 또는 지방자치단체가 고령자 고용촉진에 관한 업무를 위탁한 기관 포함)에 구직신청한 날부터 아래의 실업기간을 초과하여 실업상태에 있는 준· 고령자를 고용지원센터 등의 알선을 통해 고용할 경우. －제조업에 채용되는 경우, 고용지원센터 직원과 1회 이상 동행면접에 의하여 채용된 경우, 고용지원센터의 장으로부터 체력의 부족, 심신장애, 질병, 부상, 시력· 청력· 촉각의 감퇴 등으로 통상 취직이 어렵다고 인정받은 자로서 채용된 경우는 1월 초과 시 제공되며, 그 외는 3월 초과.	고용 후 최초 6개월은 월 30만원, 이후 6개월은 월 15만원을 지원함(500인 이하 제조업은 최초 6개월은 월 60만원, 이후 6개월은 월 30만원 지원)

* 노동부는 고령자신규고용장려금, 여성가장고용장려금, 장기구직자고용촉진장려금으로 각각 운영되던 취약계층 고용촉진장려금을 2004년 10월부터 신규고용촉진장려금으로 통합하면서 지원기간 및 지원수준을 통일화하였으며, 지원 대상을 청년실업자, 장애인까지 확대하여 최근 심각한 문제인 청년 실업해소 및 취약계층 고용촉진 기능을 강화하였다. 청년에 대한 장려금은 2007년 9월말까지 운영키로 하였으나 청년실업 문제의 지속 현상 등을 감안하여 2010년 12월 말까지 연장하였음.

** 2008년 개정된 고용보험법 시행령 25조 [고령자고용촉진장려금]에는 고령자 다수고용장려금, 정년연장장려금, 정년퇴직자 계속고용장려금으로 분류하고 있다. 그러나 본서에는 정년연장장려금제도가 2008년 1월부터 시행되고 있어서 현존하는 통계자료에 따라 고령자고용촉진장려금을 고령자 다수고용장려금, 정년퇴직자 계속고용장려금, 고령자 신규고용장려금으로 분류한다.

자료: 노동부(http://www.molab.go.kr)

〈표 3-6〉 고령자고용촉진장려금 지원 현황

(단위: 개소, 명, 백만 원)

구분	1998	1999	2000	2001	2002	2003	2004	2005	2006	2007
지원 건수	9,604	35,753	50,466	61,970	66,565	70,793	63,972	48,760	48,424	53,761
지원 인원	113,520	189,146	225,711	251,870	270,902	308,874	266,119	218,072	229,092	259,357
지원 금액	12,173	25,450	36,758	41,620	39,980	46,236	41,299	33,988	36,025	40,880

자료: 노동부(2008). 2008 노동백서

〈표 3-7〉 2006년 고령자고용촉진장려금의 종류별 지원 현황(단위: 개소, 명, 억 원)

	지원건수	지원인원	지원 금액
고령자 다수고용장려금	46,830(96.68%)	226,590(98.90%)	342.6(95.09%)
고령자 신규고용장려금	14(0.03%)	29((0.01%)	0.9(0.25%)
정년퇴직자 계속고용장려금	1,594(3.29%)	2,502(1.09%)	17.6(4.88%)
계	48,438(100%)	229,121(100%)	360.3(100%)

자료: 오민홍 외(2007). 고령자(다수) 고용촉진장려금 지원기준율의 합리적 개정방안. 한국고용정보원.

이를 보이고 있다. 고령자 다수고용장려금제도는 외형적으로 볼 때 매우 활성화되어 있는 제도임에 틀림없다. 그러나 2006년 지원건수 가운데 41.2%(19,260건)가 운수· 부동산 및 임대업에 집중되어 있어 사중손실이 매우 크다고 볼 수 있다. 즉, 운수, 부동산 및 임대업 직종은 그 특성상 다수고용장려금의 지급여부에 관계없이 고령자를 채용할 확률이 높아 사업주는 무상으로 고용 장려금 혜택을 받고 있어 사회적 손실이 발생하게 된다.

사업장을 대상으로 고령자 신규고용장려금과 정년퇴직자 계속고용장려금에 대하여 이용률이 저조한 원인을 분석하여 적절한 조치를 취할 필요성이 있다. 또한 은퇴한 고령자가 계속 증가하고 있음에도 불구하고 2004년부터 2006년까지 지원인원수와 지원액이 증가하지 않고 있다(한국노인인력개발원, 2008).

6) 임금피크제 보전수당

임금피크제란 고용보험법 23조와 고용보험법 시행령 28조에 의거 고령자의 고용촉진을 지원하기 위하여 실시되는 제도로 일정 연령(피크연령)이 지나면 생산성에 따라 임금을 줄이는 대신 정년을 보장하거나 일정기간 고용을 연장해 주는 방식의 임금제도를 말한다. 이론상 임금피크제의 가장 큰 특징은 사용자, 근로자, 정부 모두에게 바람직한 임금제도다. 즉, 임금피크제를 실시하면 근로자는 정리해고를 피할 수 있을 뿐만 아니라 사규에 정해진 정년을 보장받을 수 있고, 사용자의 입장에서는 고용조정을 둘러싼 노사갈등을 피할 수 있고 보다 저렴한 임금으로 경험이 풍부한 숙련된 인력을 확보하면서 경감된 임금으로 신규인력을 채용할 수 있다. 뿐만 아니라 정부는 저출산과 고령화에 따른 경제활동인구 부족 문제를 해결할 수 있고, 그에 따른 사회보장 부담도 줄일 수 있기 때문에 고령자의 고용보장을 통한 노후생활의 경제적 안정을 꾀할 수 있는 매우 바람직한 방안으로 볼 수 있다. 그러나 실질적으로 사용자의 입장에서는 임금피크제 도입보다는 고용조정이 인력운영에 더 효율적이라는 입장과 근로자와 노조는 고용도 보장되지 않으면서 임금만 삭감된다는 불신이 팽배하여 임금피크제의 도입이 소극적이다. 임금피크제는 2003년 7월 신용보증기금에서 처음으로 도입된 이후 100인 이상 사업장의 임금피크제 도입률은 2005년 2.3%, 2006년 3.3%, 2007년 말 기준으로 4.4%에 불과한 실정이다(김정한, 임효창, 2008).

임금피크제는 정년보장형, 정년연장형, 고용연장용의 3가지 유형으로 분류된다(<표 3-8>).

〈표 3-8〉 임금피크제 유형과 도입현황(271개 사업장 대상)

유형	특징	도입빈도(비율)*
정년 보장형	이미 정해진 회사의 정년을 기업이 그대로 보장하는 것을 전제로 일정 연령이 지나면 그 시점부터 임금의 일정금액을 삭감하는 방식이다.	51(18.9%)
정년 연장형	국민연금 수급개시연령의 상향조정에 맞춰 정년을 연장하는 대신 기존 정년의 몇 년 전부터 임금을 삭감하는 방식	90(33.2%)
고용-연장형	정년이 되어 퇴직한 근로자를 계약직이나 촉탁직 등의 비정규직으로 다시 고용하는 방식	119(43.9%)

* 2007년도 100인 이상 6,170개 사업장 대상 가운데 4.4%인 271개 사업장에서 임금피크제를 도입 하고 있었으며 이중 11개 사업장은 조사에 응답하지 않았음.
자료: 노동부(2008). 2008 노동백서.
노동부(http://www.molab.go.kr).

2007년 100인 이상 근로자를 고용하는 사업장 가운데 임금피크제를 도입한 사업장 271개소를 대상으로 조사한 결과 고용연장형이 가장 많은 43.9%를 차지하였고, 정년연장형(33.2%), 정년보장형(18.9%) 순으로 나타났다.

정부는 임금피크제의 활성화를 위하여 2006년부터 임금피크제 보전수당제도를 도입하여 임금피크제 확산에 노력하고 있다[2]. 임금피크제 보전수당제도의 지원요건과 지원수준은 임금피크제를 도입한 사업장에서 18개월 이상 근무하고, 임금이 10% 이상 삭감된 54세 이상 근로자에게 최대 6년간 지원하는 제도이다. 지원내용은 삭감된 임금의 50%를 지원(분기 150만원 한도)하며, 연봉이 5,760만 원 이상인 자는 지급 대상에서 제외된다(<표 3-9>).

2) 노동부는 2008년 말까지 한시적으로 시행할 예정이었으나 상시제도로 전환할 계획이다(중앙일보, 2008, 9. 1)

〈표 3-9〉 임금피크제 보전수당 지원요건 및 지원수준

구분	지원요건	지원수준
임금피크제 보전수당	**사업장요건** 1. 최소 56세 이상 연령까지 고용을 보장 2. 근로자대표의 동의를 얻어 실시하되 실시 여부가 단체협약, 취업규칙 등을 통해 서면 확인이 가능 **근로자요건** 1. 사업장에서 18개월 이상 근무 2. 54세 이상 근로자 3. 10% 이상 임금이 삭감되어야 함	1. 임금 피크시점과 신청시점의 임금차액의 1/2를 분기별로 150만 원 한도 내에서 지급 2. 54세부터 최대 6년간 지원 3. 신청지점 임금과 지원금의 합이 1,440만원(월 480만원)을 초과하지 않는 범위 내에서 지급(즉, 연봉이 5,760만 원 이상 자는 지급대상에서 제외)

자료: 노동부(http://www.molab.go.kr)

2008년 노동부에서 실시한 임금피크제 실태조사에 의하면(김정한, 임효창, 2008), 임금피크제를 도입한 기업 가운데 50.5%가 임금피크제 보전수당을 신청하지 않은 것으로 조사되었다. 그 이유 가운데 "대상 근로자가 없다"가 가장 많은 32.1%를 차지하였다. 즉, 임금피크제를 도입했지만 보전수당 신청조건인 근로자 조건을 충족시키는 근로자가 없기 때문이었다. 그 다음으로는 30.2%가 "근로자의 삭감된 임금이 연 5,760만원을 넘기 때문"이었으며, "임금피크제 보전수당 제도 자체를 몰라서"가 28.3%로 3위를 차지하였다. 특히 임금피크제 보전수당 제도를 몰라 신청하지 못하였다는 응답이 28.3%로 나타나, 사업장을 대상으로 이 제도에 대한 적극적인 홍보의 필요성이 제기된다. 고령자 고용정책과 관련된 홍보부족의 문제는 65세 이상 고령자를 대상으로 조사한 정경희 외의 연구(2005)에서도 발견된다. 취업희망 고령자들의 구직경로를 살펴보면(중복응답), "친구나 이웃에게 부탁/소개"가 가장 많은 61.3%를 차지하였고, "신문광고, 거리광고 활용"(28.2%), "가족 또는 친척에게 부탁/소개"(22.5%)

순이었다. 그러나 구직경로로 정부 또는 정부의 지원으로 고령자에게 취업알선과 상담 기능을 수행하는 "취업알선센터"는 고작 7.0%에 불과하였다. 또한 고령자 가운데 고령자 고용촉진제도인 "노인취업알선센터"에 대한 인지율은 20.7%였고, "노인공동작업장" 19.1%, "지역사회시니어클럽" 8.0%, "고령자 우선고용직종"은 7.8%에 불과하여 고령자와 고령자들이 자주 방문하는 동사무소, 사회복지관, 노인복지관, 경로당 등을 통한 적극적인 홍보가 필요하다.

아래는 우리나라에서 2003년 최초로 임금피크제를 도입한 신용보증기금의 사례이다.

<신용보증기금 임금피크제 사례>

신용보증기금이 운영하는 임금피크제의 주요 내용은 직무조정과 임금조정이다.

직무조정

- 근로자가 임금피크제 연령에 도달했을 때 일반직원으로서의 직책을 모두 내어 놓고 전문 업무를 수행하는 별정직원(업무지원직 신설)으로 보직 전환하여 운영함.
- 전환시기는 만 55세가 되는 해의 정기 인사시 일반직원에서 별정직원으로 전환함.
- 수행업무는 관리직으로서의 기존의 지휘통제나 정책판단 중심의 종합 업무에서 벗어나, 오랜 경험과 직무 노하우를 필요로 하는 전문 업무(채권추신업무, 소송수행업무, 컨설팅업무, 콜센터상담원, 연수원 교수 등)를 수행하며, 그 업무는 본인의 희망에 따라 부여함.

임금조정

- 만 54세를 정점으로 55세부터 연차적으로 임금을 감소하여 지급하도록 설계되어 있음. 1차년도인 55세에는 전직 전 임금의 75%, 2차년도인 56세에는 55%, 3차년도 57세에는 35%로 함.
- 따라서 근로자는 55세 이후 명예퇴직으로 나가거나 아니면 직군을 변경하여 감액 조정한 임금 규칙에서 정한 정년인 58세 까지 근무할 기회를 가지는 양자 중 하나를 선택함.

자료: 노동부(http://www.molab.go.kr).

7) 고령자 고용안정 컨설팅비용 지원 사업

고령자의 고용안정을 위하여 임금피크제의 도입 등 임금체계 개선, 고령자 적합 직종 또는 직무개발, 연령차별 해소를 위한 노무관리 개선, 단시간근로제, 직무공유제 도입 등 근로형태 다양화 관련 프로그램, 정년 연장, 계속고용제도의 도입, 기타 안전보건 향상 등의 프로그램에 관하여 전문기관의 진단을 받는 사업주와 노사단체에게 그에 소요되는 비용의 일부를 지원하는 제도다. 단, 사업주는 반드시 고용보험에 가입하고 보험료를 체납하지 않아야 한다. 컨설팅 기간은 4개월을 원칙으로 하며 컨설팅에 소용되는 비용의 80%를 지원한다. 지원한도는 사업주의 경우 3천만 원, 노사단체는 1억 원이다(노동부: http://www.molab.go.kr).

8) 고령자고용환경개선 융자지원 사업

고령자의 고용안정과 고용촉진을 위하여 사업장의 관련 시설이나 장비를 설치하거나 개선하고자 하는 사업주에게 소요비용을 저리로 융자해 주는 제도다. 융자대상은 고용보험에 가입하여 보험료를 체납하지 않았고, 신청일 현재 50세 이상의 준· 고령자를 고용하고 있거나 고용계획이 있는 사업주다. 사업주에게 제공되는 융자 금리는 연 3%(거치기간 5년, 상환기간 5년)로 지원한도는 10억 원이다. 고령자고용환경개선 융자지원 사업에 대한 2007년도 융자예산은 43억 원이었다(노동부: http://www.molab.go.kr).

고령자고용환경개선 융자지원 사업에 해당되는 설비는 고령자작업공정 자동화 설비 13종(중량물 취급 작업공정 자동화설비 외 12종), 고령자 작업환경 개선 설비 10종(작업장 바닥 및 안전통로 개선, 조명시설 및 채광실비, 소음발생 작업공정 개선설비 외 7종), 고령자 근골격계 질환 예방 설비 9종(보행식 전동지게차, 높낮이조절 작업대 외 7종), 고령자 건강증진 설비 5종(의무실, 물리치료실, 건강증진 측정 장비, 체력단련실, 기타 건강증진 보조기구)과 고령자 편의시설 7종(통근차량, 세탁시설, 진공청소기 등 청소용 공구 외 4종)이 포함된다(노동부, 2006a).

2 고령자 고용촉진시설 지원

고령자에게 취업을 알선하거나 직접 일자리를 제공하여 고령자의 고용촉진을 위한 서비스를 제공하는 기관은 고용상연령차별금지 및 고령자고용촉진에 관한 법률, 고용보험법, 노인복지법, 및 저출산· 고령사회기본법에 의거하여 운영되고 있으며, 정부의 주무부서는 노동부와 보건복지가족부다. 본서에서는 서비스 대상이 고령자를 포함하여 구직을 희망하는 모든 구직자를 대상으로 운영되고 있는 고용촉진시설(예, 노동부에서 지원하는 고용지원센터), 특정 지자체가 운영주체가 되어 고령자의 취업을 알선하는 고용촉진시설(예, 서울시에서 서울거주 고령자만을 대상으로 운영하는 고령자취업알선센터)과 사회 각 분야에서 전문지식과 경험 등을 축적하고 퇴직하는 고급인력 및 중견인력과 같은 특수계층을 위한 고용촉진시설(예, 노동부가 설립하여 한국경영자총협회에서 운영하고 있는 고급인력정보센터)은 분석 대상에서 제외하고 고령자의 취업에만 한정하여 전국적으로 운영되고 있는 고령자 고용촉진시설에 대하여 분석하고자 한다.

1) 고령자인재은행

고용상연령차별금지 및 고령자고용촉진에 관한 법률 11조에 의하여

1993년부터 노동부에서 55세 이상 고령자의 고용촉진을 위하여 운영되는 시설을 지원하는 제도다. 노동부는 무료직업소개 사업을 하는 비영리법인이나 공익단체 가운데 고령자의 직업지도와 취업알선 등에 필요한 전문인력과 시설을 갖춘 단체를 고령자인재은행으로 지정하여 운영하고 있다.

2008년 현재 노동부에서는 전국 50개소를 고령자인재은행으로 지정하여 운영하고 있다.[3] 이 가운데에서 YWCA에서 20개소를 운영하고 있으며, 여성인력개발센터에서 5개소를 운영하여 절반을 차지하고 있다. 고령자인재은행에 대한 재정지원은 전년도 취업실적을 기준으로 월 80～200만원을 차등지원하고 있으며, 2007년도 예산은 8억 4천만 원으로 지난 5년 동안 예산규모가 3배 증가하였다[4](한국노인인력개발원, 2008).

고령자인력은행의 문제점으로는 인재은행의 구인업체 및 구직자의 노력 부족 등 관리시스템의 미비로 취업알선이 미흡하고, 구직자가 주로 가정도우미, 간병인, 산후조리원 등 단기근무가 가능한 직종에 집중되어 있으며, 고령자 구인·구직상담 전문가의 전문성 부족이 거론되고 있으나(노동부, 2005), 고령자인재은행을 이용한 고령구직자의 취업자 수와 취업률이 2005년 이후 지속적으로 향상되고 있다.[5](노동부, 2008a).

특히 고령자인재은행 가운데 운영성과가 높은 기관은 2009년부터 취업알선과 직업진로상담 이외에 직업소양교육, 심층상담, 창업스쿨, 사회적일자리 개척 동아리 등의 서비스를 제공하는 "고령자 고용종합지원

3) 고령자인재은행 현황은 <부록 2>를 참조할 것

4) 고령자인재은행 연도별 지정기관수 및 지원예산(단위: 개소, 백만 원)

2003		2004		2005		2006		2007	
기관	예산	기관	예산	기관	예산	기관	예산	기관	예산
43	280	43	327	45	428	45	681	50	840

5) 취업자 수 추이: 26,935명(2004년) → 33,392명(2005년) → 43,937명(2006년) → 64,167명(2007명)

취업률 추이: 68.4%(2004년) → 67.7%(2005년) → 77.5%(2006년) → 83.2%(2007년)

센터"로 확대 개편될 예정이며(2009년 8개소에서 2012년 30개소를 목표로 하고 있음), 사업운영 성과에 따라 월 140~200만원의 운영비를 차등 지원할 계획이다(노동부, 2008a; 한국노인인력개발원, 2008).

2) 시니어클럽

시니어클럽은 노인복지법 제23조(노인사회참여지원)와 제23조 2항(노인일자리전담기관의 설치·운영 등)의 법적 근거로 지역사회 내에서 일정한 시설과 전문 인력을 갖추고 지역의 자원을 활용하여 노인일자리를 창출·제공하는 노인일자리전담기관으로 정의된다.

지역사회 실정에 적합한 노인적합직종을 개발하고 보급하여 고령자의 소득 창출과 사회적 활동을 도모하기 위하여 2001년 지역사회시니어클럽(CSC/Community Senior Club)이라는 명칭으로 전국 5개소를 지정하여 시범사업을 실시한 이후, 2004년 "노인인력지원기관"으로 명칭이 변경되었다. 2005년 노인인력지원기관은 정부의 사업복지사업의 지방이양 결정으로 지방으로 이전되면서 분권교부세 지원 사업으로 전환되었으며, 명칭이 다시 "시니어클럽"으로 변경되어 정부가 지원하는 노인일자리사업 유형(공익형, 교육형, 복지형, 인력파견형, 시장형)[6] 가운데 시장형

6) 정부가 2004년부터 실시하고 있는 노인일자리사업 유형은 다음과 같이 분류된다(한국시니어클럽협회: http://www.silverpower.or.kr).
  1. 공익형: 지방자치단체의 고유사업(환경, 행정, 교통 등) 영역 중 노인에게 적합한 일자리를 창출·제공하여 공공의 이익을 도모하고 지향한다(예, 거리환경개선, 교통질서계도, 기타 행정 기관보조 등).
  2. 교육복지형:
    1) 교육형: 특정분야 전문지식, 경험 소유자가 복지시설 및 교육기관 등에서 강의 활동을 지향한다(예, 숲 생태 및 문화 해설사 사업, 교육 강사 파견사업 등).
    2) 복지형: 사회활동이 어려운 소외계층의 생활안정과 행복추구를 지향한다(독거노인, 고령 및 중증노인, 장애인 등을 보호하는 활동 등).
  3. 자립지원형:
    1) 인력파견형 "지역사회 내 수요처를 발굴하고, 맞춤형 교육을 실시, 인력풀pool을 구성, 파견하는 일자리 로 수요처 수익창출을 지향한다. 예, 주유원, 판매원,

중점 수행기관으로 지정되었다. 2007년 말 현재 53개의 시니어클럽이 전국적으로 운영되고 있다(한국노인인력개발원, 2008).

사업운영의 정부 주무부처인 보건복지가족부는 시니어클럽의 정책방향을 수립하고 운영지침을 마련하며, 지방자치단체는 시니어클럽의 신청을 받아 지정하고 예산 및 행정 지원, 지도 및 평가 업무를 담당한다. 지자체에 따라 차이는 있지만 개소당 평균 연간 약 1억 5천만을 지원하고 있으며, 시설당 평균 4~6명의 직원이 근무하고 있다. 2007년 2,192명의 고령자가 시니어클럽에 참여하였으며, 이 중 가장 많은 62.6%(1,373명)가 시니어클럽의 본래 설립목적에 적합한 시장형 일자리에 종사하였고, 17.4%(382명)가 인력파견형, 9.6%(210명)가 교육형, 6.7%(247명)가 공익형, 3.6%(80명)가 복지형 일자리에 종사하였다(한국노인인력개발원, 2008).

시니어클럽은 2001년부터 독립적으로 노인일자리전담기관으로서의 기능을 수행하였으나, 2005년부터 정부가 지원하는 노인일자리사업 수행기관에 포함되었다는 점이 특이한 사항으로 지적되고 있으며(강신옥, 모선희, 2007), 이러한 특성으로 시니어클럽의 본래 설립취지에 부합하지 않는 공익형이나 복지형 노인일자리사업도 수행해야 되기 때문에 정체성의 혼란이 문제점으로 지적되고 있다(한국노인인력개발원, 2008).

<표 3-10>은 서울에서 비교적 저소득층 고령노인이 많이 거주하고 있는 도봉구 방학동에 소재한 도봉시니어클럽에서 시니어클럽 고유사업과 정부에서 시행하고 있는 노인일자리사업의 일환으로 수행하고 있는 사업을 나타내고 있다. 반면 교육수준과 경제적 여건이 양호한 지역에 위치한 서울 강남시니어클럽은 해피콜지하철택배사업단, world-wide 통/번역 사업단, 핸

가사도우미, 주차관리요원 등.

2) 시장형: 소규모 사업을 공동으로 운영하거나, 기업을 공동으로 창업하여 자체 수익 창출을 지향한다. 예, 지하철택배, 세탁방, 실버용품점, 떡방, 도시락사업, 유기농사업, 밑반찬 제조사업 등.

드메이드 비누제조 사업단, 시험감독관 파견사업, 주례클럽, 숲생태지도자 클럽, 실버인재파견사업과 같이 어느 정도의 기술과 능력이 요구되는 수준 높은 사업을 운영하고 있다(강남시니어클럽, http://www.gncsc.or.kr).

3) 노인취업지원센터

노인복지법 제23조(노인사회참여지원)와 제23조 2항(노인일자리 전담기관의 설치·운영 등)의 법적 근거로 보건복지가족부의 지원으로 대한노인회가 고령자의 취업상담과 알선을 통하여 소득 보장 및 사회참여 기회를 확대시키기 위한 목적으로 운영하고 있는 노인취업지원센터는

〈표 3-10〉 도봉시니어클럽의 고유사업과 노인일자리사업 운영사례(2008년 현재)

구분	사업명	사업내용
고유 사업	세탁장사업	수건, 시트, 이불 등 물세탁이 가능한 세탁물을 관련업체에서 차량으로 수거하여 세탁, 건조 후 포장하여 납품(오전 8시-오후 4시까지 격일제로 운영, 연중무휴).
	자원재활용	재활용자원(폐지, 고철, 비철, 공병)을 수거하여 기관지정 집하장(고물상)에 팀별 납품(납품 시 팀별 해당요일 납품, 연중무휴).
	종합 결혼정보	결혼상담 및 만남주선, 폐백이바지 및 전통한과 제작 및 판매를 통한 전문적인 일자리 창출(사업특성에 따라 별도시간 및 자택근무 가능)
노인 일자리 사업	개미어르신	폐지, 고철, 비철, 공병 등 재활용품을 지역 내에서 수거, 분리 후 해당업체에 납품(주 3～4일, 1일 3～4시간 근무)
	커플매니저 어르신	결혼, 상담 등 관련분야에 대한 경험 및 관심 있는 어르신들에게 결혼전문교육(이론, 실기)을 통한 커플매니저를 양성하고 여기에 어르신들의 믿음과 경륜을 활용하여 사업 진행(주 3～4일, 1일 3～4시간 근무)
	손맛어르신	전문교육을 이수한 어르신들이 전통음식인 떡과 병과 및 폐백이바지 제작, 납품(주 3～4시간, 1일 3～4시간 근무)
	수호천사 어르신	어르신들의 특기를 활용하여 도움이 필요한 소외계층에게 주거수리 및 개선, 요리, 수맥, 케어, 가훈 써주기 등의 서비스를 제공

자료: 도봉시니어클럽(http://www.dbcsc.or.kr)

1981년 "노인인력은행"으로 처음 시작하였다. 그 후 1997년 "취업알선센터"로 명칭이 변경되었으며, 2004년부터 취업지원센터로 명칭이 재변경되었다. 2008년 현재 대한노인회 연합회 및 지회에 248개 센터가 운영되고 있다.

이용대상은 65세 이상 취업희망노인을 우선으로 하지만 지역사정에 따라 60세 이상 노인도 참여가 가능하다. 조직운영은 취업지원본부와 연합회 및 지회로 구성되며, 본부에는 노인취업 전담인력이 6인 이상, 연합회와 지회는 1인 이상 근무해야 하며, 전담인력은 노인취업 지원업무 이외의 타 업무의 겸직을 절대 금지하고 있다(보건복지부, 2008).

<표 3-11>은 2004년부터 2007년까지 대한노인회에 대한 정부의 지원예산과 취업지원센터의 사업 실적을 나타내고 있다. 2004년 지원예산은 약 27억 원이었으나 2007년 현재 약 61억 원으로 기간 동안 약 2.3배 증가하였다. 2007년 36,123명이 노인취업센터를 통하여 취업을 하였으며 이 가운데 약 75%(27,145명)가 3개월 이상 취업한 장기취업자였다.

〈표 3-11〉 연도별 대한노인회 지원예산과 취업지원센터 사업 실적

(단위: 백만 원, 명)

구분	보건복지부예산	계	단기	장기*
2004	2,653	27,977	13,690	14,827
2005	5,780	47,011	13,102	33,909
2006	6,122	33,500	10,600	22,900
2007	6,122	36,123	8,978	27,145

* 장기는 3개월 이상 취업자임

자료: 한국노인인력개발원(2008).

4) 노인일자리사업

노인일자리사업은 2002년 참여정부 선거기간 중의 공약사업으로 2007년까지 노인일자리 30만 개 창출을 목표로 정부와 민간이 협동하여 노동시장에서 소외된 65세 이상 고령자의 능력과 경력에 맞는 노인일자리를 창출하여 고령자의 소득 창출 및 사회참여 기회를 제공하고 사회구성원으로의 성취감 고취 및 건강하고 활기찬 노후생활을 보장시킨다는 목표로 2004년부터 진행하고 있는 사업이다.

노인일자리사업의 근거는 노인복지법 제23조(노인사회참여지원)와 제23조 2항(노인일자리전담기관의 설치·운영 등) 및 저출산고령사회기본법 제11조(고용과 소득보장)에 의하여 운영되고 있다.

사업대상은 65세 이상 신체노동이 가능한 고령자를 원칙으로 하지만 사업종류 및 운영형태에 따라 60~64세인 고령자도 참여할 수 있다. 2007년까지 사업유형을 공익형, 교육복지형(교육형, 복지형), 자립지원형(인력파견형, 시장형)으로 분류하였으나(시니어클럽 각주 참조할 것) 2008년부터는 과거 공익형과 교육복지형을 사회공헌형으로, 자립지원형을 민간분야로 변경하고, 과거 시장형을 인큐베이터형으로 변경하여 <표 3-12>와 같이 분류하고 있다. 또한 사업 활성화를 위하여 수행기관에 전담인력을 배치하여 재정지원하고 있다. 2008년 기준으로 노인인력 120명당 1명의 전담인력을 배치하여 월 90만원씩 9개월 채용에 해당하는 재정을 지원하고 있다(보건복지부, 2008).

노인일자리사업 주체는 보건복지가족부와 지방자치단체이며(국고보조율은 50%, 단 서울은 30%) 수행기관은 지방자치단체, 노인복지관, 사회복지관, 시니어클럽, 대한노인회 노인취업지원센터 등이며, 국민기초생활보장법에 의한 수급자와 정부 부처에서 추진 중인 일자리사업 참여자

〈표 3-12〉 노인일자리 사업유형(2008년)

사업유형		정의	일자리예시	지원내용
사회공헌형(공공분야)	공익형	지자체 및 공공기관 업무영역에서 창출된 일자리로 지역사회 발전 및 개발에 공헌하는 공익성이 강한 일자리	거리·자연환경지킴이, 교통안전, 방범순찰, 공공시설관리사업, 도서관 사서도우미 등	인건비(월 20만원), 참여 개월(7개월), 부대경비(1인당 연간 11만원)
	교육형	특정분야 전문지식·경험 소유자가 복지시설 및 교육기관 등에서 강의하는 일자리로 '자원봉사형' 일자리	숲생태·문화재해설사, 예절·서예·한자 강사 등	인건비(월 20만원), 참여 개월(7개월), 부대경비(1인당 연간 15만원)
	복지형	사회활동이 어려운 소외계층의 생활안정과 행복추구를 지원하는 일자리	노(老)-노(老)케어, 노인 주거개선, 독거노인보호, 보육도우미 등	상동
민간분야	인큐베이터형	사업초기 투자비의 일정 기간 지원이후 사업단 자체수익만으로 사업운영이 가능할 정도로 자립이 예상되는 일자리	노인전용매장(실버카페, 휴게소), 떡 등 식품제조 판매업 등	119만원 또는 초기투자비지원, 인건비(수익에 따라 배분)
	인력파견형	수요처의 요구에 의해 일정교육 수료 후 해당 수요처에 파견되어 일정 임금을 지급받는 일자리	시험감독관, 주유원, 주례사 등 인력풀 운영방식의 사업과 가사도우미, 건물관리, 경비 등 맞춤형 파견사업	부대경비 (10만원)

자료: 보건복지가족부, http://www.mw.go.kr

는 이 사업에 참여할 수 없다(보건복지가족부, http://www.mw.go.kr). 특히 정부는 노인일자리사업을 위하여 2004년 국민연금관리공단 내에 노인인력운영센터를 설치하였으며, 2006년에는 '한국노인인력개발원'으로 승격시켰다. 한국노인인력개발원은 보건복지가족부로부터 예산을 지원받아 노인일자리사업에 대한 정책기획, 사업개발, 교육훈련, 조사연구, 홍보, 추진실적 분석 평가 및 사업수행기관 연계지원 업무를 담당하는 노인일자리사업의 중추역할을 담당하고 있다.

<표 3-13>은 2007년 노인일자리사업 수행기관별 운영사업과 배정인원수를 나타내고 있다. 2007년 총 2,547개 사업에 112,542명의 고령자가 노인일자리사업에 참여하였으며, 이 중 가장 많은 51.2%(57,651명)가 공익형에 참여하였고, 26.3%(29,622명) 복지형, 10.9%(12,294명) 교육형, 7.3%(8,214명) 시장형, 3.4%(3,819명) 인력파견형 순이었다. 공익형에 가장 많은 참여를 한 수행기관은 지방자치단체로 39,056명이 참여하여 전체의 67.7%를 차지하였으며, 노인복지관은 교육형에(5,968명, 48.5%), 본래의 취지에 맞게 시니어클럽은 시장형(40.5%)에 가장 많이 참여하였다.

일반적으로 노인일자리사업 참여노인들의 대부분은 경제적 여건이

〈표 3-13〉 2007년 노인일자리사업 수행기관별 운영사업과 배정인원수(단위: 개, 명)

구분	공익형		교육형		복지형		인력파견형		시장형		통합형*		합계	
	사업	인원	사업	인원	사업	인원	사업	인원	사업	인원	사업	인원	사업	인원
지방자치단체	314	39,056	40	693	121	6,079	6	99	46	815	9	453	536	47,195
시니어클럽	44	2,618	64	2,083	67	2,339	26	1,073	159	3,327	19	242	379	11,682
대한노인회	125	7,108	69	1,381	136	5,224	28	779	58	1,373	2	26	418	15,891
노인복지관	74	4,720	193	5,968	205	7,316	43	1,475	74	1,382	8	111	597	20,972
사회복지관	36	1,569	51	971	117	3,250	4	61	29	516	1	5	238	6,372
노인복지센터	7	445	7	186	123	3,701	2	23	10	135	6	105	155	4,595
지역문화원	–	–	16	298	11	179	–	–	1	21	–	–	28	498
기타	50	2,135	37	714	68	1,534	10	309	31	645	–	–	196	5,337
합계	650	57,651	477	12,294	848	29,622	119	3,819	408	8,214	45	942	2,547	112,542

*통합형은 지방자치단체 혁신사업으로 2007년 개시

자료: 한국노인인력개발원(2008).

좋지 않고, 약 70% 정도가 생계와 용돈마련 동기로 사업에 참여하지만 본 사업에 참여하지 않는 노인들과 비교할 때 안녕감이 더 높게 나타나(권구영, 최정민, 2007; 임우석, 2007), 고령자의 소득과 삶의 질 향상을 위해 적극적인 활성화 전략이 필요하다고 판단된다. 또한 이미 지적하였듯이 시니어클럽의 정체성 문제와 관련하여 시니어클럽의 경우는 시장형에만 참여하도록 규정하여 전문성의 강화로 사업의 성공적 운영을 보장할 필요성이 있다고 판단된다.

5) 노인공동작업장

고령자의 적성과 능력에 맞는 일자리를 마련하여 고령자의 소득기회 및 여가선용의 기회를 제공하기 위하여 1986년부터 설치·운영되고 있으며 2007년 현재 전국에 약 500여개가 운영되고 있다(고재성, 2007). 설립주체는 보건복지가족부이며, 운영은 주로 작업장 설치가 가능한 공업단지나 경로당 또는 노인복지시설을 활용하여 지역적 특성 및 노인의 적성과 능력에 적합한 직종을 선정하여 발생된 이익금을 고령자에게 배당하는 제도다.

대한노인회 소속기관에 작업장이 설치되어 있을 경우에는 대한노인회가 관내 업계와 연계하여 일감을 주선하고 있으며, 노인복지시설에 작업장이 설치될 경우에는 시·군·구가 행정지원과 함께 지도와 감독을 책임지고 있다.

노인적성 공동작업 직종으로는 액세서리(구슬 끼기), 옷감 정리(실밥 따기), 포장상자 접기, 제품포장 정리, 봉제완구, 봉투제작, 마늘까기 등으로 단순작업이 주를 이루고 있다. 변재관의 연구(1999)에 따르면, 액세서리 끼기(23.5%), 봉투제작(20.6%), 제품포장 정리와 옷감정리가 각각

16.2%로 노인공동작업장 직종의 80%를 차지하는 것으로 나타났다. 노인공동작업장과 관련된 문제점으로 정경배(1999)는 생산업체와의 연계와 지속적인 일감의 확보가 어려워 작업장을 통해 얻은 소득이 매우 적어 고령자 소득보장에 별로 기여하지 못하고 있음을 지적하고 있다. 지역사회와의 연계를 확대하여 직종의 다양성과 일감의 지속적인 확보를 통하여 참여노인의 실질적인 소득을 보장할 수 있는 전략을 강구할 필요성이 제기된다.

3 고령자 직업능력개발 지원

우리나라 고령자고용정책 가운데 지금까지 살펴 본 고령자 고용촉진 지원정책과 고령자 고용촉진시설 지원정책(인프라)의 경우 선진복지국가와 비교할 때 비록 최근 들어 추진되고 있지만 우리나라 사회복지의 역사를 감안할 때 고령자의 고용촉진을 위하여 정부가 많은 관심을 가지고 있는 것으로 판단된다. 그러나 고령자의 고용촉진정책과 관련된 고령자의 직업능력개발 지원(취업훈련)과 관련해서는 아직까지 정부의 관심이 매우 부족한 실정이다. 어찌보면 고령자의 고용촉진을 위하여 가장 좋은 방법은 정부와 노동시장에서 특정한 직종에 요구되는 기술과 지식을 고령자에게 교육, 훈련시켜 경쟁력을 갖추게 하여 고령자들이 노동시장에 쉽게 접근할 수 있는 기회를 제공하는 직업능력개발 지원제도를 강화하는 것이다.

정부에서 지원하고 있는 고령자 직업능력개발 지원정책에는 고령자 단기적응훈련프로그램과 고령자 뉴스타트프로그램만이 현존하고 있어 고령자의 취업훈련정책이 매우 미흡한 실정이다(서울특별시에서 서울 거주 고령자를 대상으로 2004년부터 서울노인복지센터에서 운영하고 있는 노인취업훈련센터가 있다).

1) 고령자 단기적응훈련프로그램

취업을 희망하는 50세 이상 준·고령자를 대상으로 직무수행에 필요한 최소한의 실무기능, 소양교육 및 안전관리 등 단기 무료직업훈련을 무료로 실시하고 수료 후 취업알선을 지원하는 제도다.

한국산업인력공단 주관으로 매년 공모를 통하여 훈련실시기관(사회복지법인 또는 비영리법인이나 단체)을 선정하여 위탁운영하고 있다. 2008년 현재 전국 160개 훈련 기관에서 실시하고 있으며(노동부, 2008c), 수료자 1인을 기준으로 과정별 수료인원에 대한 훈련비용을 훈련실시기관에 지급하고 있다.

〈표 3-14〉 고령자 단기적응훈련프로그램의 훈련과정과 직종(2008년)

구분	직종명	비고
1주 과정 (20시간)	가사보조원, 매장관리원, 설문조사원, 실버퀵, 재활용품분류원 등	7직종
2주 과정 (40시간)	간병인, 경비원, 노인도우미, 반찬관리사, 사무보조원, 산모와 신생아 돌봄이, 예절지도사, 호스피스도우미 등	9직종
3주 과정 (60시간)	전래놀이지도사, 조리보조원 등	4직종
4주 과정 (80시간)	개호복지사, 무료공부방지도사, 김치제조사, 노인컴퓨터지도사, 도배보조원, 독서지도사, 문화유산해설사, 미용보조원, 세탁보조원, 숲해설가, 웨딩서비스, 전문 간병인, 전통혼례음식조리사, 제과보조원, 제빵보조원, 한식요리보조, 홈패션 등	27직종

자료: 고령자 고용지원 제도안내(노동부, 2008b).

2007년 2,901명의 준·고령자가 본 프로그램에 참여하였으며, 그 중 94.3%(2,736명)이 취업하였다(노동부, 2008). 2008년 고령자 단기적응훈련프로그램의 훈련과정과 직종은 <표 3-14>와 같다.

2) 고령자 뉴스타트프로그램

50세 이상 준·고령자를 대상으로 일정기간 중소기업 현장연수 기회를 제공하여 재취업, 창업을 지원하고 동시에 인력이 부족한 중소기업에는 고령인력 활용 기회를 제공하는 제도로 2007년 8월부터 시범사업으로 시행되고 있는 제도다.

본 프로그램에 참여하기를 원하는 준·고령자는 현재 실업상태에 있어야 하며 노동부 고용지원센터에 구직등록을 해야 한다. 고용지원센터는 인력부족정도, 사업수행능력, 프로그램의 전문성·활용성, 실시규모 등을 감안하여 참여 중소기업체를 선정하고, 참여업체는 고용지원센터로부터 알선 받은 고령구직자 가운데 참여자를 선발한다. 본 프로그램에 참여하는 고령자에게는 월 20만원의 연수수당이 지급되며, 참여업체에게는 참여자 1인당 월 20만원을 취업능력향상프로그램 비용으로 지원받는다. 2007년 총 93개의 중소기업에서 328명의 고령자에게 현장연수를 실시하였으며, 2008년에는 계속 시범사업으로 900명의 고령자에게 현장연수기회를 제공할 계획이다(노동부, 2008).

제3장에서는 우리나라 고령자고용정책을 고령자 고용촉진 지원, 고령자 고용촉진시설 지원, 고령자 직업능력개발 지원으로 나누어 살펴보았다.

고령자 고용촉진 지원정책으로 시행되고 있는 고용상 연령차별금지, 고령자 기준고용률, 준·고령자 우선고용직종과 정년연장제도들은 정부와 기업에게 법조항의 이행에 있어서 '노력해야 한다'는 권고수준에 머무르고 있어서 효력이 발생되지 않고 있다. 이러한 문제점의 해결을 위해서는 제일 먼저, 각 제도들이 제대로 시행되지 못하는 원인을 분석할 필요가 있다. 예를 들어 고령자 기준고용률의 경우 기관의 업무 특성에 따라 고령자를 채용하기 쉽지 않기 때문일 수도 있다. 이러한 문제점을 반영하여 제도를 보완하고 법조항을 준수하지 않을 경우 적절한 법적인 제재를 강화시키는 방안을 검토할 필요성이 있다고 판단된다. 특히, 정부와 지자체를 포함한 공공기관이라도 우선적으로 권고사항에서 의무조항으로 변환시키는 강력한 조치가 필요할 것으로 판단된다. 고령자고용촉진장려금제도와 정년연장장려금제도에서는 장려금 지급이 없더라도 고령자의 고용이 유지되는 기업의 사업주에게 혜택을 제공하여 사회적 손실이 발생되는 일명, 사중손실(deadweight loss)이 문제로 제기된다. 장려금제도에 대한 정확한 분석을 통하여 제도의 보완의 필요성이 제기된다.

고령자 고용촉진시설 지원 정책과 관련되어 지적하고 싶은 문제는 고령자 고용촉진이라는 동일한 목표를 가지고 노동부와 보건복지가족부가 독자적으로 다수의 고용촉진시설을 운영하고 있다는 점이다. 고령자 고용촉진시설을 통합하고 이를 전문적으로 관리, 운영하는 전담기구를 설립하는 방안을 검토할 필요성이 제기된다(가칭 '노인고용촉진시설센터'). 또한 노동부에서 운영하고 있는 고용지원센터의 경우 고령자를 포함한 모든 취업구직자를 대상으로 서비스를 제공하고 있다. 고용지원센터에서 고령자를 위한 구직관련 업무는 가칭 '노인고용촉진시설센터'로 이전하여 운영하는 것이 접근성의 차원에서 뿐만 아니라 효과, 효율적인 면에서도 바람직하다고 볼 수 있다.

고령자 고용촉진정책과 관련하여 지적하고 싶은 것은 고령자들이 노동시장에서 요구하는 지식과 능력을 갖출 수 있도록 그들에게 교육과

훈련을 제공하는 직업능력개발지원정책을 강화하는 일이다. 현재 정부에서 지원하고 있는 고령자 직업능력개발 지원정책에는 고령자 단기적응훈련프로그램과 고령자 뉴스타트프로그램만이 존재하고 있을 뿐이다.

노동시장의 현실을 도외시하면서 어르신이라는 입장만을 강요하는 고령자고용정책은 세대 간의 갈등, 생산성의 저하와 경쟁력의 약화 등 경제성장의 부정적인 결과를 초래할 수도 있다. 어르신 특성에 적절하고 어른신들이 관심을 보이는 직종에서 경쟁력을 갖출 수 있도록 교육· 훈련의 기회를 제공하여 노동시장의 진입을 유도하는 고령자 직업능력개발지원정책을 활성화할 필요성이 요구된다.

특히 1장에서 지적하였듯이 고령자들의 교육수준이 점차로 향상되고 있고, 현재 40~50대 베이비붐세대가 노년층에 유입되는 2013년 부터 고령자들의 교육수준이 향상되어 중산노년층이 증가할 것으로 예상된다. 따라서 고령자의 고용촉진을 위한 직업훈련 프로그램도 저학력 중심의 단순 업무와 함께 고학력 고령자들의 능력을 감안한 업무도 병행하여 운영될 필요성이 제기된다. 이러한 차원에서 퇴직 전 전문 분야에 종사한 고급인력을 고용하기 위하여 한국경영자총협회에서 서울시에만 시행하고 있는 고급인력정보센터를 전국적으로 확산하여 운영하는 방안을 검토할 필요성도 제기된다.

제 4 장

일본의 고령자 고용정책

일본 정부는 일찍부터 인구 감소 및 고령화가 향후 경제성장에 제약요인으로 작용할 것이라는 예상 하에 고령사회에 대비한 경제정책을 운용하기 시작하였다. 2004년을 정점으로 인구가 감소하기 시작한 일본은 특히 생산가능연령인구(15~64세)의 감소와 고령화율(65세 이상인구/총인구)의 증가가 다른 나라에 비해 빠르게 진행되고 있다.

<표 4-1>을 보면 한국은 노령인구 비율이 7%인 고령화사회에서 14%인 고령사회에 도달하는데 18년이, 다시 20%인 초고령사회로 진입하는 데 불과 8년이 걸린 반면, 미국은 73년과 21년, 독일은 40년과 37년, 일본은 24년과 12년이 걸린 것으로 나타나고 있어 한국을 제외한 선진국가 중에서는 일본이 가장 빠른 고령화 현상을 보이고 있다.

<표 4-2>는 일본의 생산가능인구(15~64세)의 변화를 보여주고 있는데 1985년 5,645만 명에서 2000년 6,274만 명으로 늘어났지만 2006년 6,136만 명으로 137만 명 정도가 감소하고 있으며 이 추세는 가속화 되고 있다. 연령계층별로 보면 15~24세 층이 1995년 886만 명을 고점으로 2010년에는 602만 명으로 격감하는 반면 55~65세의 중고령층은 2000년

〈표 4-1〉 국별 인구 고령화 속도 추이 (단위: 년도, 연수)

	도달연도			증가소요연수	
	7%	14%	20%	7%→14%	14%→20%
일 본	1970	1994	2006	24	12
프랑스	1864	1979	2018	115	39
독 일	1932	1972	2009	40	37
이탈리아	1927	1988	2006	61	18
미 국	1942	2015	2036	73	21
한 국	2000	2018	2026	18	8

자료: 통계청(2006), p. 10.

〈표 4-2〉 일본의 연령계층별 생산가능인구의 변화 추이 (단위: 만 명)

	1980	1985	1990	1995	2000	2002	2006	2010
15~24세	699	733	834	886	761	696	624	602
25~34세	1.438	1.260	1.225	1.327	1.508	1.538	1.479	1.300
35~44세	1.395	1.597	1.615	1.378	1.296	1.305	1.409	1.550
45~54세	1.208	1.297	1.418	1.616	1.617	1.576	1.359	1.329
55~64세	633	776	932	1.014	1.092	1.088	1.265	1.321
65세 이상	279	300	360	445	493	487	521	633
생산가능인구 (15~64세)	5.373	5.645	6.024	6.221	6.274	6.203	6.136	6.101
55~65세	912	1.076	1.292	1.459	1.585	1.575	1.786	1.954
총계(15세 이상)	5.650	5.963	6.384	6.666	6.766	6.689	6.657	6.736

자료 : 2006년까지는 일본 총무성, 「노동력조사」, 2010년은 일본 후생노동성 추계. 이승길(2007)에서 재인용

1,585만 명에서 2010년에는 1,954만 명으로 369만 명이 증가할 것으로 예상되고 있다.

일본은 현재 노동인력의 공급이 수요를 초과하는 상황이다. 그러나 1990년대 초반에 시작된 일본의 거품경기가 2000년대 들어 서서히 해소되는 경향이 나타나면서 노동인력의 수요가 점차 증가 추세에 있으며 단카이 세대의 퇴직이 노동력 감소의 중요한 요인으로 작용하면서 질적, 양적 측면에서 고용여건을 개선함과 동시에 고령노동 인력의 고용을 촉진하는 정책을 지향하고 있다. 단카이(団塊) 세대는 일본에서 제2차 세계대전 이후의 1947년에서 1949년까지 태어난 약 900만 명의 제1차 베이비붐 세대를 나타내는 대표적인 용어로 2007～2009년 중 60세에 도달하는 연령층을 말한다. 2007년부터 시작된 단카이 세대의 퇴직 시기에 맞추어 일본은 고령자에 대한 취업기회를 확대하고 연금제도를 개편하는 등 고령자 고용대책을 강화하고 있다.

단카이 세대의 퇴직은 단순한 노동력의 상실을 의미하는 것 이상의 중요한 의미를 가지고 있다. 일본 기업에 종사하고 있는 노동자 중에서 이들 세대가 차지하는 비중은 6% 정도로 다른 연령층에 비해 상대적으로 많은 비중을 차지하고 있다. 일시에 퇴직하는 단카이 세대는 노동공급이라는 양적인 측면에서 뿐 아니라 이들의 경험과 기술을 활용하지 못함으로써 발생하는 노동의 질적인 측면에서도 매우 큰 손실을 의미하는 것이다.

1 일본의 고령자 고용정책 관련 법

일본의 고령화에 따른 고용정책은 1995년에 제정된 '고령사회대책기본법'을 바탕으로 고령사회 대책을 종합적으로 추진하기위해 1996년 7월 최초의 고령사회대책 대강을 수립하였으며 2001년 12월 28일 새로운 고령사회대책 대강이 국무회의에서 결정되었다. 이 고령사회대책 대강은 고령사회 대책을 분야별로 나누어 관련 시책을 종합적으로 추진하고자 하는 것으로 그 중에서도 특히 노동력의 고령화에 따른 고령자의 취업과 고용문제를 해결하는데 주안점을 두고 있다.

이러한 조치는 한국에도 영향을 미쳐 2003년 노무현 정부시절 인구고령화 대책기획단이 설치되었고 2004년 '고령화 및 미래사회위원회'가 출범하게 되었으며 고령사회대책기본법이 제정됐고 이후 '고령화 및 미래사회위원회'는 '저출산고령사회위원회'로 개칭되었다.

일본의 고령자 고용안정에 관한 법률로는 1971년에 제정된 '중고령자 등의 고용촉진에 관한 특별조치법'이 있으며 이후 몇 차례 법이 개정되다가 1986년에는 '고령자 등의 고용안정 등에 관한 법률'[1]로 개명되었고 고령화의 진전에 따라 1990년과 1994년 두 차례에 걸쳐 개정되었다. 1995년에는 고령사회의 기본 종합대책인 '고령사회대책기본법'이 제정되었으며 2004년에 개정되어 오늘날의 고령자 고용법제의 기본을 이루고 있다.

2 고령자 고용정책의 대강(大綱)

일본의 고령자 고용정책은 <표 4-3>에서 요약하여 보여주고 있는 바와 같이 고령자의 고용을 촉진하는 정책과 이를 뒷받침하는 연금제도

1) 이 법의 시행규칙 1-2조는 '고령자'를 55세 이상으로 규정하고 있으며 '중고령자'를 45세 이상으로 규정하고 있어 본서에서 규정하고 있는 50세 이상의 준고령자 또는 중고령자와 차이가 있다.

〈표 4-3〉 일본의 고령자 고용정책

분 야	항 목	주요 내용
고령자 고용촉진	정년 연장 등	- 정년 연장(65세), 계속고용, 정년 폐지 등의 의무를 기업에 부과하고 보조금을 지급 -「70세까지 일할 수 있는 기업」 프로젝트 추진
	재취업 (또는 전직) 지원	- 채용, 모집시 연령제한 금지 - 이직이 불가피한 경우 구직활동 지원 - 시범고용사업 추진
	다양한 사회참여 촉진 지원	-「실버 인재 센터」,「재취직 지원 사업」 실시 - 창업활동 지원
연금제도 개편	노령연금지급개시연령 상향조정(60 → 65세) 노령기초연금의 조기 감액 지급제 및 지연 증액 지급제 운영 60대 전반의 피용자에 대한 감액 지급 폐지(재직노령연금제도 개선)	

를 개편하는 정책을 취하고 있으며 고령자의 고용을 촉진하는 정책은 다시 정년연장 등을 통한 방법과 정년 또는 실직 후 재취업(또는 전직)을 지원하는 정책, 그리고 고령자의 다양한 사회참여를 촉진하는 정책 등으로 나누어 볼 수 있다. 그러나 정년연장을 통한 방법은 연금제도의 개편과 매우 밀접한 관계를 가지고 있으므로 두 가지 문제는 서로 결부시켜서 살펴보아야 한다. 앞서 제3장에서는 우리나라의 고령자 고용정책을 ① 고령자 고용촉진 지원제도, ② 고령자 고용촉진시설 지원, ③ 고령자 직업능력개발 지원으로 구분하였는데, 정년연장 등을 통한 방법은 ①번에, 재취업을 지원하는 정책은 ③번에 그리고 고령자의 사회참여를 촉진하는 정책은 ②번에 속하는 정책으로 구분할 수 있다. 다만 외국의 사례에서 정년제도는 우리나라와는 다른 성격으로 인해 고령자 고용촉진 정책의 중요한 수단이라는 점에서 별도로 구분하고자 한다.

3 고령자고용안정법의 개정과 정년제도[2])의 변화

정년제도는 고령자의 고용안정을 논함에 있어 고려해야 할 가장 중요한 사항 중의 하나로 한국과 일본 등 아시아 국가에서는 구미 국가와 달리 정년제도의 변화 여하에 따라 고령자 고용 정책이 근본적으로 변화하는 제도라고 할 수 있다.

고용을 보장하고 근로자에게 은퇴와 휴식을 가질 권리를 부여하는 것으로 곧 노령연금을 수령하는 시점을 의미하는 서양의 정년제도는 우리나라의 그것과는 의미상에 큰 차이가 있다. 우리나라를 비롯한 아시아 국가에게 정년제도는 정년 이전에 근로자를 조기퇴직 시키려는 경향이 강하여 근로자의 고용불안을 유발하는 요인이 되고 있다. 미국은 근본적으로 정년제도에 대한 법적인 규정이 없는 실정이고 국민연금제도와 같은 사회보장제도가 잘 정비된 유럽국가에서 정년은 노동의 종료와 아울러 다른 형태의 소득보장(연금)이 시작되는 것을 의미하기 때문에 아시아 국가에서 시행되고 있는 정년제도는 여타 국가와는 근본적으로 그 의미가 다르며 고령자 고용정책의 근간을 이루는 제도라고 해도 과언이 아니다. 따라서 우리보다 한 발 앞서 모범을 보이고 있는 일본의 정년제도가 고령자고용안정법의 개정과 아울러 어떻게 변화하고 있는지를 살펴보는 것은 우리에게 주는 정책적 시사점이 매우 크다고 하겠다.

일본은 선진국 중에서 유일하게 '강제적' 성격의 정년 제도를 유지하고 있는 국가이다. 선진국은 오래 전부터 평균수명의 향상으로 고령자들의 근로능력과 의욕이 높아졌고 고령화로 노동력이 감소하고 있었으며 연금재정의 건전성을 위해서는 연금급여 개시 연령인 정년을 연장 할 수

2) 이를 요약한 내용은 <부록 3>을 참고

밖에 없는 상황이었다. 반면 사회보장제도가 서구보다 늦게 시작되었고 평균수명이 낮았던 일본은 정년연령을 처음에는 낮게 정할 수밖에 없었다. 그러나 비교적 빠른 성장을 이룩한 일본은 소득수준이 향상되면서 고령화도 상대적으로 빠르게 진행되었기 때문에 점차 정년제도의 변화를 꾀할 수밖에 없었다. 약 30년에 걸쳐 진행된 일본의 정년연장 작업은 정부가 먼저 기업에게 정년연장을 권고하고 이를 기업이 수용하면 정부는 이를 법제화하는 형태로 진행되었기 때문에 우리나라와는 달리 기업의 반발이 거의 없었다고 볼 수 있다. <표 4-4>를 보면 정부가 60세 정년의무화를 법제화하는 시기인 1994년에 이미 84%의 기업이 60세 정년을 실시하고 있었음을 알 수 있다.

〈표 4-4〉 연도별 60세 정년채택 일본 기업의 비중

(일률정년제를 채택하고 있는 기업을 기준으로 함)

연도	비중	연도	비중
1967	22.1	1990	63.9
1970	23.1	1991	70.8
1974	35.4	1992	76.6
1976	35.9	1993	80.0
1978	38.5	1994	84.1
1980	39.7	1995	85.8
1981	42.6	1996	88.3
1982	45.8	1997	90.2
1983	49.4	1998	93.3
1984	52.1	1999	99.2
1985	55.4	2000	99.2
1986	56.6	2001	99.0
1987	58.7	2002	99.4
1988	58.8	2003	98.9
1989	61.9		

일본의 정년제는 제2차 세계대전 이후 1960년대까지 55세로 정해져 있었다. 그러나 1970년대 들어 출산율의 저하에 따른 청년노동력의 부족과 고령자의 증가에도 불구하고 고령노동자의 재취업이 어려워지면서 정년연장의 사회적 요구가 높아지게 되었다.[3)]

이에 따라 정부는 1973년 제2차고용대책기본계획서에서 60세로 정년을 연장하기는 것을 국가시책으로 추진하겠다고 명기하였으며 1976년의 제3차고용대책기본계획서에서는 60～64세에 대해서 정년후의 재고용, 근무연장을 포함함 재취직을 촉진한다는 규정을 첨부하였다. 그리고 1979년 고용심의회에서 정년연장 입법화를 검토하기 시작하여 제4차고용대책기본계획서에 "60세 정년이 일반화하도록 노력한다"라고 명기하였다. 1986년에는 '고령자고용안정법'을 제정하여 60세 정년의 노력의무를 규정함과 아울러 정년연장에 관한 행정지도를 규정하였다. 이에 따라 기업에서는 ① 재고용제도와 근무연장제도 등 계속고용제도, ② 퇴직을 전제로 한 출향제도[4)], ③ 고령자회사의 설립 등 정년제도의 틀 이외에 정년퇴직 후에도 동일기업 또는 동일기업 그룹 내에서 계속고용을 하려는 기업의 노력이 더해지면서 60세 정년제가 점차 주류를 이루게 되었다.

<표 4-4>에서 보는 것처럼 60세 정년제를 적용하는 기업 수가 점점 증가하게 되자 1994년 '고령자고용안정법'을 개정하여 1998년 4월 이후에는 퇴직 연령을 60세로 설정하는 것을 의무화하였으며 1994년에는 고용보험법을 개정하여 고연령계속고용급부금제도, 1997년에는 계속고용정착촉진조성금을 신설하여 고령자 고용촉진을 위한 제도를 마련하였다.

1997년 노동후생성(우리나라의 노동부와 보건복지부를 합한 부

3) 자세한 내용은 김정한(2005년) 참고

4) 출향이란 중고령자를 대상으로 종래의 사용자와 근로계약을 해지하고 다른 사용자와 새로운 근로계약을 체결하는 것으로 고용조정의 한 방법을 말한다.

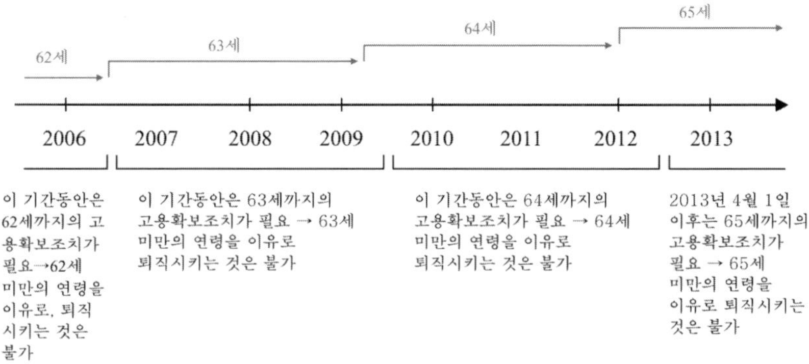

예컨대 2006년에 60세가 되는 사람은 계속고용개시시의 의무화 연령은 62세가 되지만, 62세에 도달하는 2008년에는 이미 의무화 연령이 63세로 되기 때문에, 실제로는 63세까지의 고용이 요구된다.

〈그림 4-1〉 개정된 일본 고령자 고용안정법에 의한 정년연령의 단계적인 연장

출처: 박효숙(2006), p. 70.

처)은 '65세 현역사회 연구회'를 설치하여 65세 정년을 위한 기초 작업을 시작하였고 1999년에는 제9차 고용대책기본계획'에 65세 정년제를 지향한다는 내용을 삽입하고 향후 10년 이내 실현하겠다는 일정을 명시하였다. 2001년에는 고용대책법을 개정하여 구인 모집시에 연령제한 금지를 규정하여 구인과 채용시 연령제한 철폐를 위해 노력해야 한다는 규정을 명시하였다. 2004년 6월에는 고령자고용안정법을 개정하여 고령자가 능력과 의욕이 있는 한 일을 계속할 수 있는 토대를 마련하였다. 저출산·고령화가 진행됨에 따라 2004년에는 「고연령자의 고용안정 등에 관한 법률」을 개정(2006년 4월 1일 시행)하여 정년연령을 2010년에 63세, 2013년 이후 65세로 단계적으로 연장하였으며 2012년에는 단카이세대가 65세에 도달하여 대량퇴직 사태가 벌어지게 되는 것을 감안하여 정년을 더 연장하는 방안을 검토 중인 것으로 알려지고 있다.[5)]

과거 일본에서는 90년대 초 부동산 경기의 거품이 꺼지면서 경기가 불황을 맞게 되자 고령자를 조기 퇴직시키려는 경향이 강화되었다. 그러나 2000년대 들어 국내 경기가 다시 회복세에 접어들자 상황이 다시 반전되어 정년으로 인한 노동력의 손실을 보전하려는 방안으로 정년을 연장하게 되었다. 특히 2007년부터 시작된 단카이 세대의 퇴직과 저출산·고령화가 맞물리면서 정년으로 노동인력의 감소가 가속화 되자 숙련노동자의 노동력 손실을 보전해야 한다는 필요성에의해 정년연장을 계속적으로 단행하게 된 것이다.

일본 기업들은 그동안 정년을 연장하는 것보다 정년이 되면 최종 급여의 약 50% 선에서 3~5년의 기간으로 신규 재고용 계약을 맺는 방법 등으로 고령인력을 활용하는 경우가 많았다. 이는 전 사원을 대상으로 정년연장을 할 경우 기업의 부담이 너무 크기 때문이다. 2006년도에 일본 주요

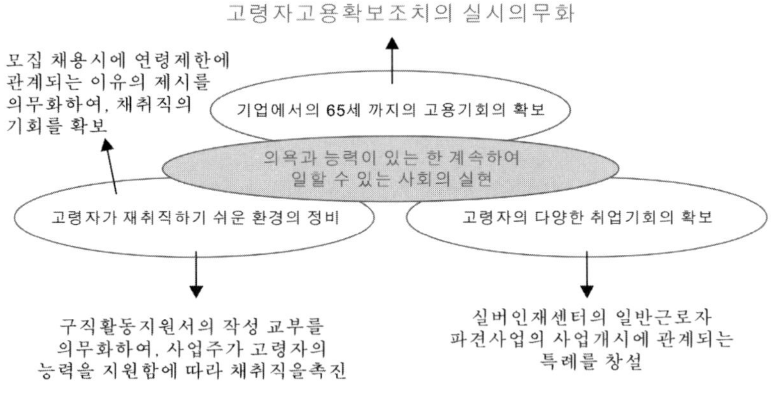

〈그림 4-2〉 개정된 일본 고령자 고용안정법의 개요

출처: 박효숙(2006), p.73.

5) 1960년대 당시 일본의 남자 평균수명은 63세, 2007년 현재는 79세이다.

대기업 5곳을 조사한 결과에 의하면 전체 사원의 1.9%가 정년을 맞았으나 이중 52.9%가 재고용된 것으로 나타났다(매일경제 2007. 7. 2.).

4 고령자 고용안정법의 정년 연장 등에 관한 주요 내용

2004년 개정된 고령자 고용안정법은 고령자의 고용안정을 위해 2006년 4월 1일부터 ① 60세 미만 정년 금지[6], ② 2006년부터 2013년까지 단계적으로 정년을 65세까지 연장[7], ③ 정년제 폐지 의무 중 한 가지를 선택하도록 하고 있다(제9조). 사업주가 정년을 정할 경우 '그 정년은 60세를 하회할 수 없다'(제8조)는 강행 규정을 두고 있어 만약 사업주가 이 규정을 위반하면 그것은 무효가 된다. 여기서 '정년'이란 근로자의 의사와 관계없이 근로계약 관계가 일정한 연령이 되면 종료되는 제도를 말한다. 따라서 정년을 65세 미만으로 정하고 있는 사업주는 근로자가 65세까지 안정된 고용을 할 수 있게 하기 위해 정년을 연장하거나 '계속고용제도'를 실시하거나 정년제를 폐지하도록 하였다. '계속고용제도'란 현재 고용되어 있는 고령자가 희망하는 경우에는 당해 고령자가 정년 후에도 계속하여 고용되도록 하는 제도를 말한다. 이 제도는 정년이 된 자를 정년 없이 계속 고용하는 '근무연장제도'와 정년이 된 자를 우선 퇴직시킨 후 재고용하는 '재고용제도'의 두 가지가 있다.

또한 고령자 고용안정을 위한 재정적인 지원제도를 실시하고 있다.

6) 60세 정년의 의무화 규정은 1994년 고령자 고용안정법 개정 시에 신설되었으며 1998년 4월부터 시행되었다.

7) '60세 정년제 원칙'은 고령자가 종사하기 어렵다고 인정되는 업무로 후생노동성이 정하는 업무에 종사하는 근로자에게는 적용되지 않는다는 단서 조항이 있다. 제8조 단서 조항.

지원제도는 크게 사업주에 대한 지원제도와 근로자 개인에 대한 지원제도로 구분된다. 고령자의 고용을 확보하는 사업주에 대한 지원은 다시 각종 조성금 지원과 상담, 원조서비스 지원으로 구분된다. 사용자에 대한 조성금에는 정년연장과 계속고용제도 도입 및 개선을 도모하는 사업주에게 지원하는 계속고용정착지원금, 중고령자를 시행적으로 고용한 사업주에게 지원하는 중고령시행고용 장려금, 이직이 부득이하게 된 노동자의 재취업 원조를 위한 조치를 강구하는 사업주에게 지원하는 노동 이동 지원 조성금(구직활동등지원급부금, 재취업지원급부금, 정착강습지원급부금), 고령자를 고용한 사업주에 대해 지원하는 특정구직자 고용개발 조성금, 중고령자 3인이 공동으로 출자하여 법인을 설립, 운영하는 사업주에 대해 지원하는 고령자 공동취업기회 창출 조성금 등이 있다(<표 4-5>).

〈표 4-5〉 고령자 고용관련 지원금제도의 개요

계속고용 정착촉진 조성금	61세 이상의 연령에 대한 정년연장 등을 실시한 경우 또는 희망자 전원을 65세까지 고용하는 계속고용제도(재고용 등)를 마련했을 경우 및 해당 제도 도입에 따라 60세 이상 65세 미만의 고용률이 15%를 넘은 사업주에 대하여 조성
이동 고령자등 고용안정 조성금	경영재건을 위한 사업 재구축 속에서 그룹 내 기업에서 내보낸 중•고연령자를 받아들여, 61세 이후의 고용을 확보하는 사업주에 대하여 조성
중•고령자 시행 고용 장려금	중•고연령 구직자를 단기간 시행고용으로 받아들이는 사업주에 대하여 조성
고령자 공동취업 기회 창출 조성금	45세 이상의 고연령자 등 3인 이상이 공동으로 새롭게 법인을 설립하여 사업을 시작해서 노동자를 고용하고, 지속적인 고용과 취업 자리를 창출할 경우에 조성
특정구직자 고용개발 조성금	60세 이상 65세 미만의 구직자를 공공 직업안정소 또는 무료•유료 직업소개 사업자의 소개에 따라 계속해서 고용하는 노동자로 고용한 사업주에 대하여 조성

자료: 저출산고령화사회위원회(2006)

그밖에도 고령자 고용안정법에 따라 정년을 연장하거나 폐지하는 중소기업에 대해서는 '중소기업 정년연장 장려금'을 기업규모별, 정년 상한 등에 따라 차등 지급하고, 정년 연장 등에 따른 의식개혁, 창업, 사회참여 등의 연수를 실시하는 기업에 대해서는 '고용환경정비 조성금'을 지급하는 등 보조금을 지급하고 있다.

일본에서는 정년 후 고용계속을 촉진하기 위해 사업주뿐 아니라 고령자 개인에 대해서도 급부금을 지급하는 고연령고용계속급부금 제도를 시행하고 있다. 이 제도는 1994년 고용보험법 개정시 처음 도입된 제도로 실업대책 뿐 아니라 실업예방대책으로서의 성격을 갖고 있으며 재취업에 따른 임금하락분을 일부 지원한다는 점에서 고령자에 대한 임금보전적 성격을 갖고 있다. 고연령고용계속급부금은 정년 연장 등으로 임금수준이 60세 도달시점에 비해 75% 미만으로 낮아진 상태에서 계속 고용되어야 할 경우나 이로 인해 취업의욕이 저하될 우려가 있는 경우에 해당 고령자에 대해서 지원금을 지급한다. 고연령고용계속급부금 제도는 고연령고용계속기본급부금과 고연령재취직급부금으로 구분된다.

5 고령자의 다양한 취업과 사회참여의 촉진

개정된 고령자 고용안정법에 따라 2004년 12월부터 임시적이고 단기적인 단순한 취업활동을 희망하는 고령자에게 다양한 취업·사회참여를 지원하고 지역사회에 밀착된 손쉬운 취업기회를 제공하는 실버인재센터 사업이 추진되고 있다. 실버인재센터는 전국 700여 개소에 설치, 운영되고 있으며 2004년 3월말 현재 실버인재센터에 소속된 단체 수는 1,866개에 회원 수는 약 76만 명에 이르고 있다. 동경도의 실버인재센터에서는 사업주 단체와 공공 직업안정기관과의 협력 하에 기능강습, 합동 면접회 등을 일체적으로 시행하는 시니어 워크 프로그램 사업 등 다양한 고용촉진을 위한 프로그램을 실시하고 있다(<표 4-6>).

또한 45세 이상의 중고령자 3인 이상이 공동으로 사업을 창업하여 종업원을 고용하여 계속적인 고용 및 취업기회를 창출하는 경우 앞서 언급된 고령자 공동취업기회 창출 조성금과 같은 경비지원이 가능하다. 또한 고령자의 신사업 창출, 육성을 위해 신사업창출 촉진법에 따라 우대금리를 적용해 주거나 또는 무담보, 무보증 대출이 가능한 창업대출제도도 운영되고 있다.

6 고령자의 재취업 촉진 지원 정책

중고령자는 이직이 매우 어려운 상황이다. 따라서 공공 취업안정소를 중심으로 중고령자에 대한 직업상담, 직업소개 등의 체제를 정비하고 개정된 '고용대책법'에 의거 2007년 10월부터는 근로자의 채용과 면접 시 연령제한을 원칙적으로 금지하였다. 예외적으로 상한연령을 부득이하게 설정하는 경우에는 그 이유를 제시하도록 하였다. 부득이한 이유란 고용대책법 제12조가 정한 사유에 해당하는 경우만 인정되며 그 이외에는 연령제한을 하는 것이 인정되지 않는다.

2004년 12월 이후 사업주 사정으로 해고 등에 의해 이직한 중고령자(45~64세)가 재취업을 희망하는 경우에 사업주는 직무경력, 직업능력, 자격, 면허 등이 기재된 '구직활동 지원서'를 작성하여 이직 예정자에게 의무적으로 교부하도록 하였다. 이직 예정자의 재취업을 지원하는 사업주에 대해서는 '노동이동지원 조성금'을 지급하고 각 지방의 고령자 고용개

〈표 4-6〉 일본 고령자 고용프로그램 운영체제

프로그램	고령자고용 안정 센터	노인취업 알선기관	동경도 시니어워크	고령자협동조합
법적근거	고령자고용 안정법	고령자고용촉진법	동경도 고령자사업법	고령자협동조합법
주관부서	노동성	노동성	동경도	노동성
운영주최	고령자고용안정센터	노인취업알선기관	고령자사업단	고령자 협동조합
운영방식	비영리단체	비영리단체	비영리단체	비영리단체
범주 및 대상	-61세 이상 고령 자	- 인재은행=40세 이상 관리자/기술자를 대상 - 인재센터=60세 이상	- 50세 이상 구직자 - 회원수는8만2천명 - 연취로 인원 약93만 명	- 회원자격 =20~90대 (세대초월) - 회원 수=3만 명 - 47개도도부현중 33개 지역에 설립
특징	- 고령자고용안정에 관한 조사•연 구 - 사업주에게 고령자 고용 권장 조치 - 고령자고용관련취업/정보제공 - 고용안전/복지증진	*인재은행 - 구직상담/취업알선 - 전국 100개 주요도시에 고령자전문 인력 소개 - 공공직업 안정고내에 고령자 취업반 설피 - 무료직업소개/직업훈련 *인재센터 - 경험과 지식을 지역사회와 협력 일할 기회확보 - 시간제, 전일제 근무	- 1974년 12월 발족 - 고령자기술전문학교운영(50세 이상 입교) 직업능력개발협회, 고령자 사업진흥재단, 노동자료센터, 공공직업안정소, 고령자취업센터 등을 운영	*표어= 침상노인이 되지 말자! - 퇴직노인들에게 일자리를 마련해 줌으로써 건강/활력 유지 -8가지 목표설정 - 지역복지사업소 중심으로 추진
재정지원	- 고령자고용사업주에게 교부금 지급	- 고령자채용기업에 노동성이 지원금	- 지방자치단체의 출연금	- 조합원의 출자금 (한 계좌에5천 엔)
세부 프로그램	- 고령자고용안정에 관한 조사연구 - 고령자계속고용 조치 - 고용자 고용관련 교육 - 고령자고용정보 제공 - 자료수집/배포 - 사업주에 교부금 지급 - 고령자 복지증진	- 서가 - 회계 - 정원사 - 방문판매원 - 창고관리 - 편집/번역 - 목공/상표붙이기 - 건물보수작업 - 어린이 돌보기 - 병약 노인 돌보기	- 빌딩관리 - 주택관리 - 호텔레스토랑 서비스 - 경영관리실무 - 비즈니스 리프레쉬	- 도우미(헬퍼) 양성 - 노인급식 - 데이케어서비스 - 택노소 운영 - 환자운송 - 건강프로그램운영 - 자원본사활동 - 뉴스레터 발간

출처: 김대빈·이금룡(2005), p. 108.

발협회에 설치된 재취업 지원 컨설턴트를 활용하여 상담할 수 있도록 한다. 또한 세대주와 같이 재취업이 긴급하게 요구되는 중고령자를 단기간 고용한 후 상용으로 고용하게 하기 위해 사업주에게 일정액의 장려금을 지급한다.

7 노령후생연금제도의 개편에 의한 고령자 취업 촉진

1990년대 중·후반 일본 정부는 민영화를 포함한 다양한 형태의 연금개정안을 검토하였으며 2004년 노령연금법을 개정하였다. 새 개정안은 무엇보다도 연금급여액을 줄이는 데 있었다. 이를 위해 첫째 후생연금의 급여수준을 낮추었고, 둘째 후생연금의 급여 증액을 물가에 연동시켰으며, 셋째 2013년부터 특별지급 노령후생연금의 지급개시연령을 인상하였다. 2004년 연금개정안의 두 번째 축은 연금급여의 연동제를 변동한 것인데 임금과 물가 하락분이 연금급여액을 감소시키지만 그 하락분 이상으로 연금급여액이 낮아지지는 않게 설계하였다. 마지막으로 연금개정안의 목적은 기업연금을 장려하는 조치를 시행하였는데 이는 연금개정안이 공적연금의 급여수준을 떨어뜨리기 때문에 시민들의 노후생활 안정을 위해서는 기업연금을 확대해야 한다는 이유에서다(조영훈, 2005).

개정된 연금법에 따르면 정액부분(기초연금)의 지급개시연령은 2001년에서 2013년까지 60세에서 65세까지 매 3년마다 1년씩 단계적으로 상승하도록 조정하였고, 보수비례부분(후생연금)의 지급개시연령은 2013년에서 2025년까지 매 3년마다 1세씩 60세에서 65세까지 단계적으로 상승하도록 조정하였으며 여자는 남자보다 5년 늦게 시작하도록 하였다(<표 4-7>). 노령기초연금의 경우 원칙적으로 국민연금 가입기간이 25년 이상인 가입자를 대상으로 65세부터 지급할 수 있으나 조기(60~64세) 지급시에는 일정률을 감액 지급하고 지연(66~70세) 지급시에는 일정률을 증액 지급하게 하였다. 재직노령연금도 2004년 법 개정을 통해서 60대 전반의 피용자에 대해서 일률적으로 20%씩 감액하던 것을 폐지하여 취업을 억제하지 않도록 하였다. 일본의 고령자 연금지급 개시연령의 상승은 정년 연장 논의와 맞물려 있으며 정년연장과 더불어 연금지급 개시연령도 상승하도록 하였다.

〈표 4-7〉 일본 노령후생연금의 성별 지급개시 연령

남 성		여 성	
연도	연금지급개시연령	연도	연금지급개시연령
2001	61	2006	61
2004	62	2009	62
2007	63	2012	63
2010	64	2015	64
2013	65	2018	65

주: 1994년 후생연금법 개정법 부칙 제18·19·20 참조. 이승길(2007)에서 재인용

이상에서 보면 연금개정의 첫째 목적은 연금 보험료의 상승을 억제하여 기업과 개인의 사회보장부담을 줄이고 연금재정의 안정화를 꾀하기 위한 것이지만 동시에 노령기초연금과 재직연금의 지급시기와 감액률을 조정함으로써 고령자의 취업연장이 억제되지 않도록 하는데도 주안점이 있다고 할 수 있다. 결국 연금개혁의 결과 표준적인 연금수급세대(부부가 모두기초연금을 수급하고 남편이 후생연금을 받는 가구)의 소득대체

율(현역세대의 평균가처분소득에 대한 연금급여액의 비율)이 2004년의 59.3%에서 2023년에는 50.2%로 감소할 것으로 예상하고 있다. 표준적인 연금수급세대의 소득대체율은 80년대 중반이후 지속적으로 낮아졌지만 2000년대의 연금개정으로 더욱 낮아지게 되었다. 아래 <그림 4-3>에서 보면 소득대체율은 경제활동참가율과 일반적으로 반비례하는 현상을 보이고 있음을 알 수 있는데 이는 가급적 소득대체율을 적정한 수준으로 유지해야 한다는 것을 알려주고 있다.

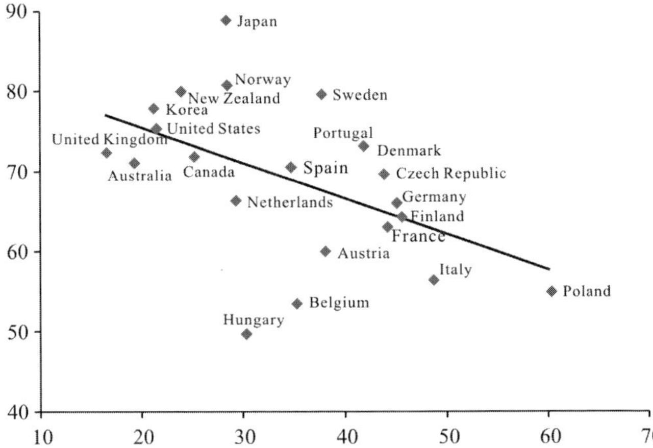

〈그림 4-3〉 남성 중고령자의 평균 실질소득대체율과 경제활동참가율 (단위: %)

종축: 경제활동참가율, 횡축: 평균 실질소득대체율*

주: *) 평균실질소득대체율은 노령연금과 기타 조기퇴직 혜택에 투입되는 전체 공적 지출이 GDP에서 차지하는 비율을 노인부양률로 나눈 것임. 참가율은 50~64세 남성의 자료임. 상관계수는 −0.5이며 5% 수준에서 유의미함.

자료 : OECD(2004). p. 81.

제 5 장

미국의 고령자 고용정책

미국의 경우 사회보장법(1935년)과 의료보험제도(1965년)의 확립은 고령자들의 경제활동을 감소시키는 계기가 되었다. 특히 62~64세 연령층의 경제활동참여율이 급격히 감소하였는데 이는 조기 퇴직이 증가한데 따른 것이었다. 조기퇴직이 증가하게 된 것은 한편으로는 조기퇴직연금 제도를 두어 연금수급개시 연령을 낮추었기 때문이며 다른 한편으로는 노동시장 상황이 고령 노동자들에게 불리하게 되었기 때문이다(나병균, 2000).

미국은 <표 4-1>에서 보는 바와 같이 노령인구 비율이 7%인 고령화사회에서 14%인 고령사회에 도달하는데 38년이, 다시 20%인 초고령사회로 진입하는 데 21년이 걸리는 것으로 나타나고 있어 한국이나 일본뿐 아니라 유럽 선진국들에 비해서도 노령화의 문제가 상대적으로 덜 심각한 편이다. 그러나 미국도 베이비붐 세대[8]가 노년 인구층으로 진입하는 시기인 2010~2030년 사이에는 인구고령화 추세가 가속화될 것으로 예상되어 2030년경에는 노인부양비율이 35%에 이를 것으로 예상되고 있다. 따라서 고령화에 따른 사회보장제도의 점검과 대책이 필요하고 향후 고령자의 고용정책 또한 중요한 노동정책의 이슈로 부각될 것으로 보인다.

8) 1946~1964년 사이 출생한 세대로 2003년 현재 전미 인구의 37%를 차지하고 있다.

미국은 65세 이상 고령자들의 약 90~92%가 1975년 이후 최근까지 사회보장급여(노령장애보험 Old-Age, Survivor Disability Insurence: OASDI)를 받고 있어 연금수급 수준은 다른 나라의 기초연금에 못지않은 수준이라고 할 수 있다(국민연금연구원, 2007). 그러나 연방, 주정부 일부 공무원이나 낮은 소득으로 사회보장(OASDI)에 가입하지 못하는 사람들은 근로소득이 소득원의 60%를 차지하며 퇴직연금은 전체 소득의 20% 정도로 낮은 수준이다. <표 5-1>을 보면 2000년대 초 65세 이상 고령자의 89.7%가 사회보장급여를 받으면서도 22.7%의 사람들은 근로소득을 획득하고 있는 것을 알 수 있으며, 하위계층(1분위)으로 갈수록 사회보장 이외의 소득원천이 제한적임을 나타내고 있다. 더구나 앞으로는 연금재정의 건전성을 위해 퇴직연령을 2003년 65세에서 2027년 67세로 연장하게 되었는데 1990년대 이후 노동유인을 제공하기 위한 노력에도 불구하고 근로빈민이 여전히 존재하는 미국의 상황을 보면 이들 계층에 대한 대책이 시

〈표 5-1〉 65세 이상 고령층의 총소득 분위별 각 소득원천별 보유자 비율(2000~2004년 평균)

	전체	1분위	2분위	3분위	4분위	5분위
근로소득	22.7	4.0	6.7	16.0	31.0	56.0
사회보장	89.7	75.3	96.3	95.0	92.3	89.7
기타 공적연금	14.3	1.3	5.7	13.0	22.7	28.7
민간연금	29.0	5.7	18.0	35.0	46.3	39.7
자산소득	56.3	23.0	42.7	60.0	73.0	84.3
공공부조	4.7	14.3	4.0	2.7	1.0	1.0
인원(만 명)	2,610	518	528	520	524	521

자료: Income of the Population 55 or Older(SSA), 각년도, Table 1.6. 평균. 국민연금연구원(2007)에서 재인용

급하다고 할 수 있다. 다시 말하면 하위계층의 경우 사회보장만으로는 생계유지가 어려워 노후 경제활동을 해야만 하는 인구가 상당수 존재하므로 이들을 위한 적극적인 고용정책이 마련되어야 한다는 것을 알 수 있다.

1 미국의 고령자 고용정책 관련 법

미국의 고령자 고용정책은 고령자들에게 포괄적인 서비스를 제공한다는 차원에서 운용되고 있으나 그 바탕에는 고령자들의 소득을 보전한다는 의미가 크기 때문에 먼저 고령자들의 소득보전 관련법과 프로그램들에 대해 살펴봐야 한다. 미국 고령자들의 소득보장제도는 사회보장제도의 근간을 이루고 있는 노령, 유족, 장애연금(Old-Age, Survivor Disability Insurence: OASDI)과 보충보장소득(Supplementary Security Income: SSI)이 주 역할을 하고 있다(<표 5-2>). 그러나 이러한 사회보장제도는 퇴직 후의 고령자 소득을 퇴직 전의 40% 수준밖에 보장해 주지 못하기 때문에 고령자들은 사적 연금이나 개인적인 기타 소득 등이 필요하게 되었다(원영희, 2001). 그뿐 아니라 사회보장재정이 악화됨에 따라 사회보장세의 인상과 급여수준의 인하 및 지급연령의 연장 등이 발생하면서 고령자들은 근로를 통한 대체소득을 얻고자 노력할 수밖에 없게 되었다.

고령자들에게 경제활동의 폭을 넓히기 위해 마련된 법은 미국노인법, 연령차별금지법, 고령노동자이익보호법, 직업훈련교육법 등이 있는데 여기서는 비교적 중요한 역할을 하고 있는 미국노인법과 연령차별금지법, 직업훈련교육법 에 대해서만 살펴보기로 한다.

〈표 5-2〉 미국의 주요 공적 복지 프로그램

종류		자격조건	재원 및 운영방식
사회 보험	OASDI	퇴직자, 유족, 장애인	· 연방정부의 사회보장청에서 운영 (재원: 사회보험세 social security tax) · 1983년 부분준비금제도 도입(OASI 신탁펀드, DI 신탁펀드) · 장애보험 급여는 5개월의 대기기간 필요.
	실업보험	실업자	· 연방정부 기준만 제시, 운영은 주정부 (재원: 고용주의 기여금)
공적 부조	TANF (AFDC)	부양능력 없는 유자녀 가정	· 주정부 운영(재원: 연방정부의 block grant) · 1996년 TANF로 대체(근로의무 추가)
	SSI	65세 이상 노인, 장애인 저소득층	· 연방정부의 사회보장청에서 운영(재원: 일반조세) · 연방정부의 기본급여에 주정부의 지원급여 추가되기도 함. · TANF와 달리 근로의무 없음
	일반부조	OASDI, AFDC, SSI 혜택을 보지 못하는 빈곤층	· 주정부가 운영(재원: 주정부의 재정) · TANF나 SSI의 혜택을 받을 자격이 없는 저소득자들에게 현금 지원 제공 · 근로의무가 부과되는 경우 많음 · 클린턴 정부 이후 급여수준 대체로 하락
EITC		연방정부가 정한 빈곤선의 2배 이하에 해당하는 근로 소득계층	· 연방정부가 운영 · 조세환급(tax benefit)방식 · 근로유인(단, 빈곤함정의 가능성을 고려해서 근로소득보다 EITC 급여가 빠르게 증가하도록 설계됨) · 현재 이 제도는 자산조사방식 중 미국 최대의 소득지원 프로그램
식품권(food stamp)		저소득 노동자	· 주정부가 운영(재원: 연방정부 보조금과 주정부 재정) · 부양아동이 없는 수급자에게는 구직의무가 부여됨
Medi care	PartA (HI)	65세 이상 노인(장애보험수혜자는 65세 미만도 가능) (강제가입)	· 연방정부가 운영(재원: part A는 사회보험세. part B는 보험금과 일반조세) · 1983년, 부분준비금제도 도입(HI 신탁펀드, SMI 신탁 PartB 펀드)
	PartB 펀드) (SMI)	상동(임의 가입)	
Medicaid		저소득층	· 연방정부가 운영(연방정부의 보조금으로 재원)

주: 사회보험(social security)은 보험가입, 공적부조(public assistance)는 생계조사 전제 HI=hospital, insurance(병원보험); SMI=supplementary medical insurance(보충적 의료보험)
자료: 김흥종·신정완·신상호(2006), p. 182.

2 미국노인법

미국노인법(The Older American Act)은 1965년에 제정되어 여러 차례의 개정이 이루어졌으며 노인 복지를 위한 포괄적인 서비스를 포함하고 있다. 사회보장법(Social Security Act)이 고령자들의 노후 연금과 공적부조 그리고 의료보험 제공과 관련된 법이라면 미국노인법은 노인들에게 제공되는 각종 서비스 제공과 연구 및 교육훈련에 드는 재정지원 및 노인복지서비스의 전달체계를 구축하는 법이라 할 수 있다. 이 법은 특히 제5편에서 고령자 지역사회서비스고용(Senior Community Service Employment Programm: SCSEP)에 관한 규정을 두어 고령자의 지역사회 서비스 고용을 적극적으로 지원하고 있는데 연방 정부차원에서는 노인청(Administration on Aging), 주정부 차원에서는 노인사무소(State Unions on Aging: SUA) 지방정부 차원에서는 노인복지사무소(Area Agence on Aging: AAA)라는 기구가 설치되어 고령자 관련 복지프로그램 사업을 주관하고 있다.

3 연령차별금지법

미국은 1960년대 중반부터 채용 및 근로조건 등에서의 차별을 금지하는 고용차별금지법을 제정하였는데 1963년 평등임금법(Equal Pay Act), 1967년 고용에서의 연령차별금지법(Age Discrimination in Employment Act: ADAE) 등이 그것이다. 초기 미국의 연령차별금지법은 정년제를 금지하지 않았다. 다만 모집, 채용 시의 연령 제한을 금지해서 중고령자의 실업문제를 해소하려고 하였으므로 법의 적용대상도 65세 미만으로 한정

〈표 5-3〉 미국과 기타 선진국 연령차별금지법의 비교

구분	미국법 (ADEA)	호주법 (ADA)	영국법 (EEAR)	일본법(고연령자 고용안정법)
법의 기본 성격	차별금지법	차별금지법	차별금지법	고용촉진법
연령차별 금지 영역	고용	고용/비고용	고용	-
적용대상자의 범위	40세 이상의 자	제한 없음	제한 없음	·고연령자: 55세 이상 ·고연령자 등 : 45세 이상
금지되는 차별의 유형	·직접차별(판례) ·간접차별(판례) ·보복차별	·직접차별 ·간접차별 ·보복차별	·직접차별 ·간접차별 ·보복차별 ·차별지시 ·괴롭힘	※모집·채용 연령제한의 이유 제시
차별예외 사유	·진정직업자격 ·경찰, 소방관 등 강제퇴직 ·연령 이외의 합리적 요소 ·선임권제도 ·근로자급부제 ·조기퇴직제 등	·직무상 고유조건 ·적극적 조치 ·연금, 보험, 노동 수당제도 등	·합법적 목적달성 위한 적정수단 ·직업에 고유하고 결정적인 요건 ·적극적 조치 ·65세이상의정년 설정 ·근속기간 기준의 급여·혜택 등	-
정년제	연령차별로서 원칙적 금지	법 제정 이전 사실상 폐지 (일부 직종 정년제 유지)	·65세 미만의 정년은 정당사유 없는 한 연령차별 ·정년퇴직 후의 계속근무 신청제	·60세 미만 정년 설정 금지 ·65세까지의 정년 연장, 계속고용제 도입 또는 정년폐지
차별구제	EEOC / 법원	HREOC / 법원	고용법원	법원

자료: 노동부(2006), p. 137.

하였다. 그러나 법 개정을 통해서 1978년에 의무퇴직연령을 65세에서 70세로 연장하였고, 1986년에는 적용 예외규정[9])이 있지만 연령상의 이유로

9) 예컨대 연령 외의 합리적인 요소에 근거한 차이가 있거나 근로자가 징계 또는 해고

는 강제적으로 퇴직시킬 수 없도록 정년제를 원칙적으로 금지하였다.[10]

이 법은 40세 이상의 근로자를 연령을 이유로 고용과 관련된 부분에서 차별을 하지 못하도록 규정한 것으로, ① 나이보다 능력에 기초한 고령자 고용증진, ② 고용에서 자의적인 연령차별의 금지, ③ 연령이 고용에 미치는 영향으로부터 발생하는 문제점에 대해 노사가 대처할 수 있는 방법을 찾을 수 있도록 하는 것을 목적으로 하고 있다(제621조).

연령차별금지법이 고령자들에게는 유리하게 작용하여 고용촉진에 도움이 되기는 하겠지만 국가적인 입장에서 볼 때 고용을 촉진한다고 볼 수 없으므로 진정한 의미의 고령자 고용촉진을 위한 법이라고 할 수 없다. 다시 말하면 결국 고령자 또는 다른 연령층 중 누군가는 근로자로 고용되는 결과가 되기 때문이다. 고령자를 위한 고용정책은 다른 연령층의 일자리에 부정적인 영향을 주지 않으면서 새로운 고용창출이 일어나도록 할 때 진정한 고령자 고용정책이라고 할 수 있다. 다만 이 법에서 정년연령에 관한 부분은 직접적으로 고령자 층을 대상으로 적용되는 내용이기 때문에 어느 정도 고용증진 효과는 있다고 볼 수 있다. 이는 다시 말하면 정년제도에 관한 엄격한 의무 연령제를 운용하고 있는 한국과 일본과 같은 국가와 달리 미국은 연령차별금지법으로 정년을 규정하고 있는 것과 같다. 또한 한국, 일본, 유럽국가와 달리 미국에서 연령차별금지법의 운영(예컨대 정년연령의 연장 등)이 비교적 손쉽게 이루어지는 이유는 미국 기업의 개방형 내부노동시장 체계나 직무급 임금체계 등이 매우 유연하게 되어 있어 연령차별금지법에 의한 비효율성이 상대적으로 작기 때문일 것이다.

의 사유를 갖게 되었을 때 등의 예외규정을 두었다.

10) 물론 강제퇴직이 가능한 경우(제623조, 제631조 등)도 규정하고 있다.

4 직업훈련협력법

직업훈련제도는 1930년대 대공황이후 다양한 형태로 운영되고 있었다. 1982년에 제정된 직업훈련협력법(Job Training Partnership Act: JTPA)은 기존의 포괄적 고용과 훈련에 관한 기본법(Comprehensive Employment and Tranining Act: CETA)을 대체하는 법으로 제정되었는데 55세 이상 실업자와 저소득층 고령자 등 노동시장에서 불리한 위치에 있는 이들에게 생활비 지원과 직업훈련을 실시하고 직업을 알선하는 내용을 규정하고 있었다. 이 법은 1998년 원스톱 센터(one-stop center)를 통한 서비스를 강화하고 주 및 지방정부에 더 많은 서비스공급 재량권을 주는 인력투자법(Workforce Investment Act: WIA)으로 대체되었다(황준욱, 2003).

5 고령자 고용관련 프로그램

미국의 고용관련 프로그램은 매우 다양한 형태로 운용되고 있다. 고령자지역사회서비스고용프로그램(Senior Community Service Employment: SCSEP)은 1965년 처음 시행된 이후 미국에서 가장 오래된 고령자 취업프로그램이며 또한 가장 대표적인 프로그램이기도 하다. 이 프로그램은 미국노인법에 근거하여 제공되는 것으로 노동부의 고용훈련관리청(Employmen and Training Administration: ETA)이 주관하여 운영하고 있다. 이 프로그램은 연방정부에서 전반적인 계획을 세우면 실제 훈련프로그램 운영은 주정부 차원의 담당기관 및 국가지원단체를 통해 이루어진다.

이 프로그램은 공공 및 민간부분에서 보조금이 지급되지 않는 일(주로 노인센터, 탁아소, 학교, 병원 등과 같은 비영리 목적의 공공 일자리)이나 시간제 근무(주당 20시간 정도)와 같은 지역사회 서비스 고용을 목적으로 하고 있으며 각 지방에 설치된 일괄처리센터(One-Stop Care Center)를 통해 주로 55세 이상의 저소득층 고령자에게 기회를 주도록 하고 있다. 프로그램 내용으로는 노인복지관운영, 재택서비스, 교통지원서비스, 교육, 상담 등 지원서비스, 식사제공서비스, 건강지원 서비스, 부양자지원서비스 등 매우 다양하게 운영되고 있다(ETA, http://www.doleta.gov/seniors/html_docs/AboutSCSEP.cfm).

이 밖에도 정부의 재정지원으로 1965년 노인복지법의 제정과 함께 농촌지역의 고령실업자들을 위해 지역사회고용서비스 프로그램으로 만들어진 녹색손길프로그램(Green Sum Programm: GSP)이 있다. 현재는 직업훈련협력법에 근거하여 고령자뿐만 아니라 장애인과 저소득근로자들의 취업을 목적으로 다양한 직업교육훈련이 실시되고 있으며 고령자 지역사회서비스고용프로그램 중에서 가장 규모가 큰 전국규모의 프로그램 역할을 하고 있다. 또한 공공부문의 자원봉사 지원체계의 하나인 전국봉사연합(Corperation for National Service)의 하부 조직으로 55세 이상 고령자들로 구성된 전국노인봉사단(National Senior Service Corps)은 지역사회에서 여러 가지 자원봉사 서비스를 제공하고 있다. 고령자 말벗 프로그램(Senior Companion Program: SCP)도 그 것 중의 하나인데 일상생활이 어려운 독거 고령자들을 방문하여 말벗이 되어 도움을 주는 서비스이다. 이외에도 1965년에 시작된 양조부모프로그램(Foster Grandparents Program: FGP)이 있는데 어른의 도움이 필요한 아동들을 대상으로 부모와 같은 역할을 해주는 서비스이다. 이밖에도 퇴직자, 노인자원봉사프로그램(Retired and Senior Volunteer Program: RSVP), 고령자 학교 자원봉사 프로그램(Senior for School Program: SSP), 고령자 환경분야 고용프로그램(Senior Environment Employment Program: SEEP) 등이 있다(<표 5-4 참고>).

〈표 5-4〉 미국 고령자 고용프로그램 운영체제

프로그램	고령자지원	녹색손길	고령자 말벗	양조부모
법적근거	노인복지법	노인복지법 직업훈련 협력 법	국내자원봉사 법	국내자원봉사 법
주관부서	노동부 고용 훈련청	주 정부	주 정부	주 정부
운영주최	전국 노인협회		전국 노인 봉사단	
운영방식	비영리단체	비영리단체	비영리단체	비영리단체
범주 및 대상	-전국27개주 고령자 -55세 이상 비 취업 저소득층 노인	-55세 이상 고령자 -불우한 노동자	-건강한 저소득층 고령자 -주(州)가 정하는 소득 이하의 고령자	-55세 이상의 저소득층 고령자
특징	*미국 최대비영리조직 고령자 직업 알선 가장 오래된 고령자고용 프로그램 중 하나 -시간제취업: 주20시간 활동, 최저임금수혜	-가장 오래되고 큰 준고령 노동자교육/훈련 고용 제공기관 -처음에는 국립공원, 고속도로 개선 등 녹지관리사업으로 시작 -현재는 고령자/장애자/저소득근로자취업목적	-주(州)가 정하는 40시간 사전교육 이수 -주당 20시간 (연간1.044시간)활동 -동년배고령자에 의한 도움 제공으로 시설운영비 및 서비스 절약	-약3만 명의 회원(노인)들이 약 8만 명의 청소년에게 다정한 조부모 역할
재정지원	-노동부 보조금	-노동부 보조금	-정부 : 60% -기부금 : 40%	-정부보조 : 50% -지역기부금 : 50%
세부프로그램	-음식배달 -방과 후 교실 -도서관 보조원 -컴퓨터 오퍼레이터 -간병인 -경리/운전사	① 직업기술 -가정 건강보조자 -간호조무사 -컴퓨터 오퍼레이터 ② 교실 내 훈련 -참여자가 필요한 기술개발에 중점 ③ 현장훈련 -특수직종 훈련 -직업체험 P/G *최신기술훈련중점	-동년배 고령자 방문 -필요한 도움 제공 -우정을 나눔	-장애시설, 회복기의 병원 및 교도소 수감 청소년, 비행청소년, 장애아동, 학대/방치된 아이들의 조부모 역할로 말벗 -생활지도 -레크리에이션 활동 -정서함양

출처: 김대빈·이금룡(2005), p. 95.

이상에서 보면 미국의 고령자 고용정책은 자유방임주의, 지방분권주의와 같은 사회문화적인 배경 속에서 서구 다른 나라와 달리 운영되고 있다는 것을 알 수 있다. 먼저 고령자의 소득보전 측면에서 보면, 주로 근로소득에 의존하는 한국이나 일본 그리고 주로 공적인 연금제도에 의존하는 유럽 국가들과 달리 미국은 공적인 사회보장제도가 충분치 못하기 때문에 사적연금제도가 이를 보완하는 체제를 갖추고 있다는 점이다. 따라서 미국의 경우 여성이나 소수민족집단 또는 경제수준이 낮은 빈곤층 고령자에게는 소득보전이 매우 불리하게 이루어지고 있음을 알 수 있다. 공적연금을 보완한 사적연금제도 자체는 개인의 책임 하에 노후의 소득을 책임지도록 한다는 효율적인 측면이 있으나 자칫하면 소외계층에 대한 불평등적 대우 문제가 뒤 따르는 위험도 있다. 그러나 개인의 능력과 개인책임을 중시하는 미국의 사회적인 환경에서는 공적, 사회보장제도의 적절한 운영은 오히려 효율성 측면에서 보면 유럽의 사회보장체제보다 우월한 점이 있다고 볼 수 있다.

고령자 고용프로그램을 살펴보면 앞서 일본의 경우와는 다른 측면들을 볼 수 있다. 우선 미국의 고용프로그램은 역사가 비교적 깊을 뿐 아니라 고용 프로그램의 운영기관이 연방정부, 주정부 그리고 각종 민간단체 등 다양한 기관에서 다양한 형태로 전개되고 있으며 지역서비스 사업과 고령자 고용문제를 연계하여 비교적 효율적으로 운영되고 있음을 알 수 있다. 또한 미국의 고령자 고용프로그램은 경제적으로 빈곤층인 고령자를 대상으로 하는 노인복지적인 측면이 강하다고 볼 수 있다. 이는 한국과 같이 정년에 따른 소득손실을 공적, 사적 연금이 완전히 보전해 주지 못하기 때문에 이를 보완하는 방법으로 시행되는 재취업 촉진을 위한 고령자 고용정책과는 다름을 알 수 있다. 이러한 점은 연금제도가 우리보다 일찍 정착된 일본의 직업능력개발 프로그램 같은 것에서도 엿볼 수 있다. 다시 말하면 한국과 일본은 고령자 고용촉진을 위한 정책이란 면이 강한 반면 미국은 고령자의 복지적인 차원에서의 정책이 운용되는 성격이 강함을 알 수 있다(<표 5-5 참고>).

〈표 5-5〉 미국과 일본의 고령자 취업정책 및 프로그램의 비교 및 평가

구분	미 국	일 본
취업정책	① 연령에 따른 고용 차별금지 ② 사회봉사차원의 다양한 일자리 제공 ③ 노인층의 경제활동 참여 확대 ④ 경력고령자 취업기회 확보 ⑤ 고령자 취업을 위한 전담기구 운영과 다양한 민간기구 통제(지원금제도)	① 안정되고 강력한 법적, 제도적 장치(60세 정년제도 정착: 94.4%) ② 생계유지 필요성/ 부양 감소 대응 방안 ③ 고령사회에 대응하기 위한 종합정책 ④ 정부차원의 적극적인 고령자교육(문부성, 노동성, 후생성, 사회보험청, 농림수산성)
프로그램	① 60세 이상 노인이면 누구나 혜택 ② 서비스전달체계에서 하부구조의 융통성 ③ 소수민족에 대한 배려 ④ 병약한 노인들의 교통편의 제공 ⑤ 노인복지 연구를 제도적으로 지원	① 중앙/지방고령자고용안정센터의 운영으로 고령자고용을 위한 정보와 자료 제공 ② 고령자고용을 위한 각종지원금 제도 확충 ③ 다양한 고령자 재취업 촉진 ④ 각종 고령자고용에 관한 지원 활성화
평가	*노인취업문제를 총괄하는 전담기구(노인청)를 통해 정책의 필요성을 제기하고 있으며, 각 주와 지역의 노인자문위원회를 연계한, 각종 지원금 지급과 지역 자체의 후원금 등으로 전국적인 고령자 취업 프로그램이 활발하게 추진되고 있음. **법적·제도적 장치는 느슨하지만 사회적, 문화적으로 자율적인 민간기구의 활동이 활발해 안정적으로 정착되어 있으며, 특히 미국은 기본적으로 연령차별 금지조항이 있어, 연금수령 시기까지 근무할 수 있기 때문에 개인별로 선택의 폭이 크다고 할 수 있다.	*미국에 비해 일본은 고령화 진전은 빠른데, 사회적으로 정년이 60세로 되어 있어, 건강과 생계비를 위해 일하기를 원하는 고령자가 많다. 특히 일본은 미국에 비해 연금제도가 미비하여 고령자의 재취업에 관해 정부정책으로 강력하게 추진하고 있다. 일본의 특징은 고령자 재취업에 관한 법적·제도적 장치를 강력하고 구체적으로 명시하고, 범 정부차원(문부성, 노동성, 후생성, 농림수산성, 사회보험청 등)에서 재취업을 위한 교육을 시행하고 있으며, 모든 기업에 65세까지 정년연장을 적극 추진하면서 이를 위한 각종 지원금제도가 활발하다.

출처: 김대빈·이금룡(2005), p. 114.

제 6 장

우리나라 고령자 고용정책에 대한 시사점

고령자 고용정책은 대상이 누구냐에 따라 그리고 어떤 성격의 직무인가에 따라 구분된다. 고용정책의 대상이 고령 실업자인 경우는 사회복지적인 측면이 강한 반면 대상이 취업과 미취업 여부와 관계없이 모든 고령층에게 적용되는 경우는 고용촉진적인 측면이 강한 것으로 구별할 수 있다. 따라서 전자는 재취업을 위주로 한 정책과 프로그램들이 주를 이루고 있어 기능적인 측면이 강하며 후자는 정년제도나 연금제도 또는 임금제도의 개선을 통해 고용안정을 이루려는 것으로 제도적인 변화를 통한 고용안정 정책으로 구분할 수 있다. 전자는 정부가 노동시장에 개입, 노동력의 수요와 공급에 영향을 미치는 정책수단을 동원하여 사전적 또는 사후적 실업 감소 및 일자리 창출대책을 운용하는 것을 말하며 후자는 고용보험이나 직업훈련과 같이 실업자를 대상으로 한 노동력의 공급에 주로 영향을 미친다고 볼 수 있다.

우리나라의 고령자 고용정책은 대부분 일본의 법과 제도를 모방하는 수준에서 운용되어 왔다. 다른 점은 일본은 연금제도가 우리나라보다 앞서 정착되었기 때문에 고령자들의 소득보장 측면에서 우리나라보다 잘 정비되어 있다는 점이다. 고령자 고용관련 각종 지원금제도나 고령 실직자들의 재취업 관련 교육훈련제도 및 직업알선 프로그램 등은 우리나라에서도 유사하게 시행되고 있다. 초고령사회에 진입하고 있는 일본의 경험은 일본보다도 더 빠른 속도로 고령화가 진행되고 있는 우리나라에게 시사한 바가 매우 크다고 하겠다.

고령자 고용정책과 관련하여 다른 선진국의 경험이 우리에게 시사하고 있는 점은, 첫째 미국을 제외한 일본과 서구 유럽국가 들이 정년연령을 연장하고 있으므로 우리도 이에 대한 대책이 필요하다는 점이다. 둘째는 정년제도는 연금제도와 임금체계 개편이 연계되어 있으므로 관련 제도를 우리 실정에 맞게 개편해야 한다는 것이다. 셋째는 고령자 고용관련 프로그램을 보면 우리나라에도 미국의 노인청과 같은 종합적이고 일괄적인 기능을 수행할 수 있는 기구를 설립해야 할 필요성이 크다는 점을 들 수 있다.

참여정부 시절 고령사회를 대비하여 대통령 직속기구를 두어 고령관련 정책들을 검토한 적은 있으나 상설 기관으로서 고령자의 고용 및 복지업무를 총괄하는 전담기구는 현재 없다. 따라서 고령자 고용 및 복지 관련 업무를 노동부와 보건복지가족부가 나누어 맡고 있는 실정이다. 전반적으로 보면 우리나라는 아직도 고령자들의 복지 측면보다는 소득보장을 위한 고용정책이 우선적으로 운용되어야 하는 시기라고 판단되므로 정년 제도를 개편하여 의무퇴직에 따른 근로기간을 연장해 주는 방안을 우선적으로 검토해야 한다. 정년제도의 개편은 임금제도와 연금제도와 같은 관련되는 다른 제도를 함께 개편해야 하는 문제가 수반되는 복잡하고 시간이 많이 걸리는 문제이다.

1 정년연장과 고령자의 고용촉진

일본이 65세 이상 고령인구 비율이 7%를 넘어섰던 70년대부터 정년연장을 위한 논의를 시작 했다는 사실은, 고령화 속도가 일본보다 훨씬 빠른 우리에게 시사한 바가 크다. 일본의 고령자 관련 정책이 시차를 두고 우리나라에 도입되었으며 정년제도나 사회보장 체제 등이 일본과 유사한 우리나라는 일본의 관련 정책의 개편에 깊은 관심을 가지고 살펴봐야 한다. 우리나라는 임금체계와 퇴직금제도가 일본과 유사하지만 퇴직 후 수령하는 연금 수준이 일본보다도 더 열악하다는 점을 간과해서는 안 된다.

정년연장 문제는 그간 우리나라에서는 별로 논의가 되지 않고 있었다. 최근 일본이 정년연령을 연장하게 되고 또한 2000년대 들어 유럽 국가들이 연금재정의 고갈을 해결하기 위해 정년을 연장하는 정책을 시행해오자 우리나라에서도 이에 대한 논의가 급격히 이루어졌고 정부는 정년을 63세로 연장하는 것을 골자로 하는 고령자고용촉진법 개정안을 2007년 마련하기도 하였다. 노조 측에서는 매우 환영하고 있지만 경총과 대한상의 등 친기업적인 단체들은 정년연장 안은 시기상조이며 만약 연장을 할 경우에는 그에 걸맞은 임금체계나 고용조건 등의 개편이 수반되어야 한다는 조심스런 입장을 피력한 바 있다. 정년제도가 대부분의 근로자에게 고용보장의 의미와 역할을 사실상 충분히 하지 못하고 있다는 점, 또 평균수명 연장에 따른 고령자의 사회적인 문제가 크게 대두되고 있는 점과 국민연금재정이 날로 악화되고 있다는 점 등을 감안하면 노사가 상생하는 방안에서 정년 제도를 개편해야 한다는 공감대는 이루어지고 있다고 볼 수 있다.

노동부 통계에 따르면 기업의 평균 정년연령은 1988년의 55.2세에서 1995년 56.5세, 2001년 56.7세, 2006년 56.9세로 미미하게나마 점차 높아지고 있다. 근로자 300인 이상 사업장 1,950개를 대상으로 노동부가 조사한 결과에 의하면 정년연령을 55세로 규정하고 있는 기업이 전체의 42.9%로 가장 많고 58세가 23.4%, 60세 이상은 16.5%로 나타나고 있다(노동부 2007). 유형별로 보면 71.0%가 단일정년제를 운용하고 있으며 직급별 정년제는 11.8%, 직종별정년제는 10.5%이며 정년제를 실시하지 않는 작업장은 4.7%였다(노동부 2006a).

한국노동연구원 조사에 의하면 2003년 현재 우리나라 근로자의 47.7%는 50~54세, 21.1%는 55~59세, 18.9%는 60~64세, 7.8%는 65~69세 사이에 정년을 하고 있어 87.7%가 59세 이전에 퇴직하는 것으로 나타나고 있다(방하남 2005). 그런데 정년 후의 국민연금 급여수준은 평균적으로 기존소득의 35%에 불과하여 정년 후의 소득감소에 대한 대책이 중요한 과제가 되고 있다. 노령연금은 60세부터 지급되기 때문에 55세에 퇴직할 경우 조기노령연금을 수령해야 하는데 이것도 가입기간 10년이 경과된 경우에만 지급되며, 급여수준은 기존 소득의 35% 정도가 된다.

45세 이상 중고령자 1만 여 명을 대상으로 한국노동연구원이 2006년 조사한 은퇴사유(복수응답)는 첫 번째가 건강상의 이유(45.9%)이었으며, 두 번째가 다른 일자리를 찾을 수 없다(45.7%). 세 번째가 정년퇴직(38.7%)인 데 반해 유럽 국가의 노동시장 은퇴이유는 대부분 연금자격 취득을 통한 자발적인 은퇴(50%)이고 건강상의 이유는 19%에 그치고 있다(한국노동연구원 2007).

이상에서와 같이 고령자들이 정년이후에 계속적으로 근로하고자 하는 비중이 매우 높고 현실적으로도 소득보전을 위해서는 계속적인 근로가 필요한 실정임이 드러나고 있다. 그러나 정년연장은 기업들에게 비용적인 면에서 많은 부담을 주기 때문에 정년연장 보다는 시간제고용, 파견근로와 같은 변형된 고용형태를 선호한다. 따라서 기업의 부담을 덜어주

는 방안으로 연금재정의 일부를 기업에 보조금으로 지급하는 방법을 제안하고자 한다.[11]

현재 우리나라에서는 60세 이전에는 완전노령연금을 수령할 수 없기 때문에 일반 기업에서 60세 이전에 정년을 하는 경우는 문제가 되고 있다. 따라서 기업이 정년을 연장하여 고용하는 경우 임금의 일부를 연금재정에서 부담하도록 하면 기업은 적은 임금으로 고령자를 고용할 수 있게 될 뿐만 아니라 연금재정도 악화되지 않는 일거양득의 효과를 얻을 수 있다. 임금보조액은 근로자가 정년 시에 어떤 연금(완전노령연금, 조기노령연금, 재직자노령연금 등)을 받게 되는지에 따라 구분하여 조정하고 그 수준은 기업체와 연금기관 간에 협의하여 정하면 된다. 즉 기업이 정년을 60~65세로 연장하였을 경우 현행 연금제도에 의해 지급되는 재직자노령연금의 일부를 보조금으로 지급하는 방법이 있을 수 있다. 이때 근로자는 조기노령연금 수령액 보다 당연히 많은 임금을 받아야 정년연장에 동의할 것이고 정부도 조기노령연금 또는 재직자노령연금[12] 지급액보다 적은 액수를 보조금으로 지급해야 연금재정에 문제가 없을 것이다.

시간제 근로제와 임금피크제 뿐만 아니라 직무급제와 병행하여 정년연령을 연장하는 방안도 생각할 수 있다.[13] 다만 시간제 근로자의 경우 주당 최저 근로시간을 15시간이 되게 하여, 근로기준법에 의한 퇴직금제도, 주휴, 연월차유급휴가규정이 적용되도록 해야 할 것이다. 유럽과 달리 한국 기업들은 고령 퇴직자에 대해 시간제 재고용보다는 비정규직 고용을 선호하는 것으로 나타나고 있다(곽효문 2006). 따라서 연금재정으로

11) 이 방법에 대한 내용은 장민수(2007)에서 요약 정리하였다.

12) 가입기간이 10년 이상이고 55세 이상인 사람이 소득 있는 업무에 종사하지 않는 경우에 본인이 신청하면 60세 이전이라도 지급받을 수 있는 연금이다.

13) 임금피크제는 모두에게 동일한 보수를 원칙으로 하지만 직무능력급제는 직무에 따라 임금체계를 달리 한다는 점에서 차이가 있다. 그러나 임금피크제도 대상자에 따라 다른 임금체계를 적용할 수 있다.

부터 보조금이 없을 경우는 시간제 고용이 어려울 수밖에 없다.

시간제근로 또는 파트타임제(근로기준법 제21조에서는 단시간근로라고 지칭)는 변형근로제(근로기준법 제50조에서는 탄력적 근로시간제로 지칭)나 선택적 근로시간제(근로기준법 제51조)와 고용형태에 있어 약간의 차이점이 있지만 고용유연성을 제고한다는 점에서는 같은 의미를 갖는다. 임금피크제 방식인 경우에는 조기노령연금 또는 재직자 노령연금을 연계하여 운용한다면, 한시적으로 시행하고 있는 현행 보전수당제도[14]보다 더 큰 유인을 제공할 수 있고 결과적으로 임금피크제가 빠르게 확산될 수 있을 것이다.

시간제 근무형태는 유럽에서 이미 사용되고 있는 방법으로 국가마다 그 형태에 차이가 있으나 노령연금 수급시기 이전 일정 연령에 도달하면 시간제 근로형태로 고용계약을 변경하게 하는 제도이다. 이는 청년 실업을 줄이기 위한 방편이기도 하지만 조기퇴직으로 인한 연금재정의 부담을 덜기 위한 방법으로 도입된 제도이다.<표 6-1 참고> 2000년대 들어 유럽 국가들이 고령자 고용정책을 정년연장 쪽으로 선회하면서 이 제도는 빛을 잃어가고 있으나 과거에 시간제 근로제를 사용한 국가에서는 고용 면에서 긍정적인 효과를 가져 온 것으로 평가되었으며 특히 네덜란드의 경우는 이 제도를 이용하여 실업률을 크게 낮춘 것으로 나타나고 있다(Schettkat 2000).

14) 정부는 2006년 4월부터 3년간 한시적으로 고용보장을 전제로 임금이 10%이상 삭감될 경우 그 일부를 지원하는 보전수당제도를 실시하고 있다.

〈표 6-1〉 각국의 고령화 정책 비교

	조기퇴직 인센티브의 삭제	고령인력 고용전망 개선 정책	재정 통합의 추구	퇴직 소득의 다양화	건강과 장기요양 보험의 비용절감	금융시장 인프라 강화	전략적 구조
호주	노령퇴직수당인출을 65세 인상	저소득고령인력에 대한 고용급여 인상; 평생훈련 투자 확대	미래 지출확보 위한 기금 축적	–	의료보험에서 서비스 보수의 양도	–	–
독일	조기퇴직을 허용하는 급여에 대한 접근강화						
이탈리아	60세 이상으로 조기퇴직 연령을 인상; 65세 이후 퇴직에 대한 급여 조정 개선	고령인력에 대한 인적자본 유지에 집중	성장률과 수명연장을 반영하여 매 10년마다 연금조정	민간연금 증가에 따른 공공연금 감소	장기요양 서비스의 확대; 소득과 자산에 따라 장기요양 비용을 지불	민간연금기금의 인가 촉진	
일본				미래의 저소득퇴직자에 대한 퇴직소득 부족		재정균형을 위한 기업연금기금에 대한 방안 필요	
노르웨이	조기퇴직연금과 세금 인센티브 폐지	–	임금대신 임금과 물가를 반영한 연금 급여; 보험가여 기간의 연장; 추가연금하향조정	소득비례에서 최소연금 분리; 민간연금 계좌의 도입	도시간 서비스의 질과 비용이질화를 축소; 이용자 부담증가와 자산 조사 도입	–	–

〈표 6-1〉 계속

	조기퇴직 인센티브의 삭제	고령인력 고용전망 개선 정책	재정 통합의 추구	퇴직 소득의 다양화	건강과 장기요양 보험의 비용절감	금융시장 인프라 강화	전략적 구조
스웨덴				연금제도에서 민간 저축의 확대 필요			
미국	급여인출을 위한 소득 조사 삭제; 급여 공평성 개선	–	GDP대비 고정비율의 공공지출 제한; 67세로 연금개시 연령 인상; 급여 인상 지연	자발적 "USA"저축의 의무화 실행	만성병 규정에 따라 운용되는 개인 확대; 선택화대를 위한 병원 간 경쟁 확대; 장기요양 보호와 보험의 장려	–	–
한국		고령인력 유지 증가	급여축소; 민간연금 장려	퇴직금에서 기업연금 의무화	–	민간연금 계좌운용기관의 감시강화; 국민연금 기금 운용개선	

출처 : Casey et al(2003), p. 4.

2 실업률 감소와 소득분배에 대한 논의 (거시경제와 미시경제적인 정책 상충의 문제)

여기서 한 가지 논의해야 할 점은, 현재 한국 고용상황과 관련하여 문제가 되고 있는 청년실업과 고령자 고용촉진 정책과의 정책적 상충문제이다. 고령자 고용정책의 핵심은 노동시장에서 열등한 위치에 있는 고령 근로자들의 소득보전을 위한 것이라고 볼 수 있는데 고령자 고용촉진으로 인해 청년실업이 증가하게 된다면 이는 거시경제적인 측면에서 더 큰 문제가 발생할 수 있는 것이다. 즉 소득분배의 형평성을 제고한다는 미시경제적인 측면과 국가 전체의 실업률을 감소시켜야 한다는 거시적인 측면이 서로 상충할 수 있는 것이다. 정부가 실업대책을 운용할 때 우선적으로 고려하는 대상은 일반적으로 청년 실업자(15~29세)와 장기실업자(1년 이상 실업)라고 볼 수 있다. <표 6-2>를 보면 15~29세의 청년층의 실업률이 고령층보다 월등히 높은 것을 알 수 있다.

〈표 6-2〉 한국의 연령계층별 실업률 (단위: %)

	1990	1996	1998	2000	2002	2004	2006	2007
15~19세	9.2	7.5	20.9	13.6	12.1	14.1	10.4	9.3
20~29세	4.9	4.4	11.4	7.1	6.6	7.9	7.7	7.1
30~39세	1.6	1.4	5.7	3.4	2.9	3.1	3.0	3.2
40~49세	1.2	1.1	5.5	3.3	2.0	2.3	2.3	2.0
50~59세	1.6	0.9	5.2	2.9	1.9	2.3	2.2	2.1
60세 이상	0.6	0.7	3.2	2.1	1.1	1.2	1.4	1.4
15~29세	–	–	–	8.1	7.0	8.3	7.9	7.2
전체	2.4	2.0	6.8	4.1	3.3	3.7	3.5	3.2

자료: 통계청, KOSIS DB, http://www.kosis.kr

〈표 6-3〉 고령자(55~64세) 경제활동참가율의 국제 비교 (단위: %)

	1979	1983	1990	1994	1996	1998	2000	2001	2002	2003	2004	2005
한 국	-	-	62.5	63.9	63.6	61.3	59.2	59.5	60.5	59.0	59.8	60.2
호 주	44.3	40.9	44.1	43.3	45.9	46.6	49.0	48.6	50.9	52.5	53.9	55.5
벨 기 에	-	30.6	22.2	23.5	22.8	23.8	25.9	26.0	26.7	28.5	31.3	33.5
핀 란 드	47.7	50.4	42.4	42.9	46.4	42.0	46.6	50.3	52.0	53.8	54.8	56.6
덴 마 크	-	50.4	57.1	53.7	50.6	53.1	56.9	58.9	60.1	63.1	65.5	62.9
프 랑 스	53.7	42.6	38.1	35.9	36.6	36.1	37.2	32.6	41.7	43.3	43.8	43.6
독 일	44.0	41.8	41.6	40.7	43.6	44.5	44.7	42.9	43.3	43.1	41.8	52.1
이탈리아	23.3	22.2	32.5	29.4	28.5	28.3	28.6	29.2	30.1	31.5	31.8	32.6
일 본	62.9	63.7	64.7	66.1	66.3	67.1	66.5	65.8	65.5	65.9	66.0	66.6
네덜란드	38.6	33.3	30.9	30.2	31.2	34.1	38.6	39.9	43.9	45.0	46.7	-
노르웨이	65.1	66.4	63.1	63.3	66.0	68.2	68.0	68.5	69.3	69.5	68.8	68.8
스 페 인	48.1	44.6	40.0	36.8	37.3	38.8	40.7	41.9	42.7	43.8	44.4	45.9
스 웨 덴	66.6	68.2	70.5	66.2	69.0	67.5	69.4	70.5	71.7	72.5	73.1	-
영 국	-	-	53.0	52.1	51.4	51.0	52.8	54.0	55.0	57.3	58.0	58.4
미 국	56.3	54.5	55.9	56.8	57.9	59.3	59.2	60.4	61.9	62.4	62.3	62.9
EU*	-	-	41.0	39.4	40.2	40.4	41.8	41.2	43.4	44.6	45.3	46.7
유럽OECD	41.9	39.8	39.6	40.0	40.2	42.0	42.0	40.4	42.1	43.1	43.7	44.8
전체OECD	-	-	41.9	39.8	40.0	40.2	42.0	50.6	52.0	52.8	53.4	54.2

* EU 통계는 15개국 평균임
자료: OECD, Employment Outlook, 1995~2006 각년도

청년층의 실업 대책을 우선시 하는 사람들은, 첫째 <표 6-3>에서 보듯이 한국은 2005년 현재 OECD 국가 중에서 노르웨이, 일본 미국, 덴마크, 다음으로 중고령자의 경제활동참가율이 높은 편이며. 둘째 <표 6-2>에서 보듯이 중고령자는 다른 연령층에 비해 실업률이 상대적으로 높지 않은 편이고, 셋째 고령자는 고용 이외의 다른 수단인 사회보장제도를 통해서도 사회적 보호와 경제적 지원이 가능하다는 점을 들어 청년층과 장기실업자의 고용안정 문제가 시급하다고 한다. 이들은 생산성이 높은 젊은이들이 우선적으로 취업하는 것이 국가전체로 보아 효율적이라는 주장을 펴고 있다.

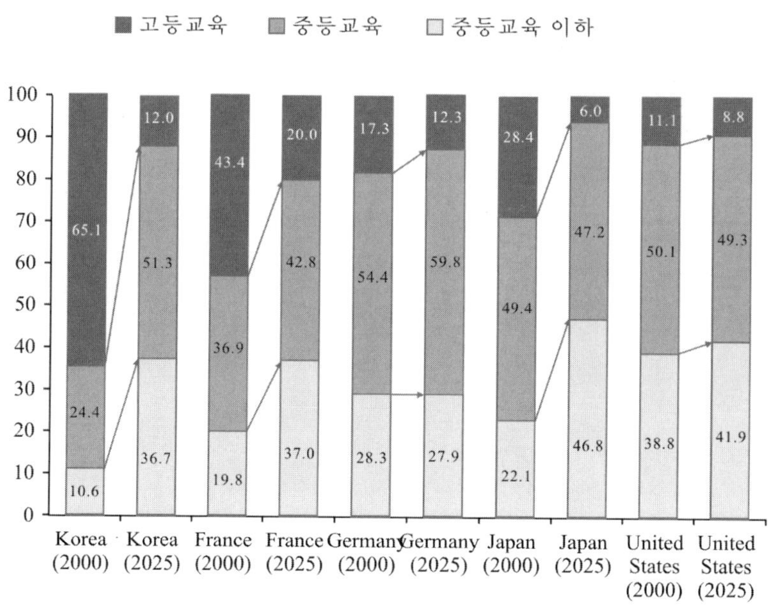

〈그림 6-1〉 OECD 국가의 중고령근로자(50~64세)의 교육수준(2002/2025)(단위: %)

출처 : OECD(2004), p. 118.

그런데 우리나라와 일본의 고령자 경제활동참가율이 선진국보다 상대적으로 높은 이유는 노령연금을 비롯한 사회보장제도가 미비하여 고령자들이 소득보전을 위해 오래 일하기 때문이며 우리나라의 사회특수성으로 인해 50대가 되면 자녀교육과 결혼 등으로 자금수요가 커져 경제활동이 필수적이라는 점을 감안해야 한다. 중고령층은 자영업이나 농립·어업 또는 공공서비스 분야의 직업 비중이 높기 때문에 청년층에 비해 실업률이 낮을 수밖에 없다. 중고령 실업자는 일정기간 동안 구직활동을 하다가 일자리를 찾지 못하면 구직행위를 포기하게 되어 비경제활동인구가 되는 경향이 상당히 높다. 또한 한국의 중고령층은 <그림 6-1>에서 보듯이 선진국에 비해 학력수준이 낮아 직업이나 소득 면에서 매우 열악한 상황에 있다는 점도 간과해서는 안 된다.

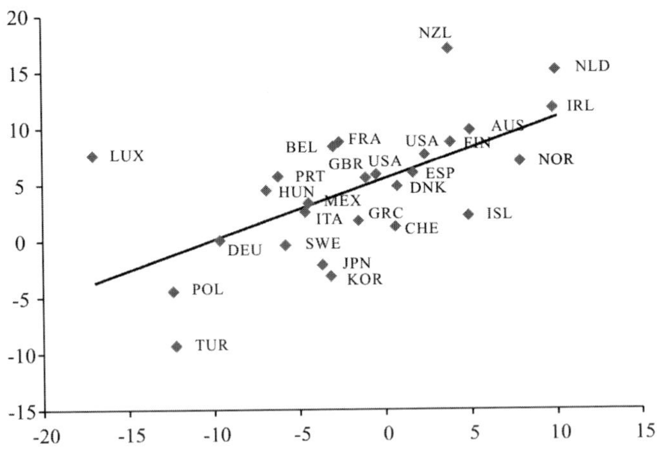

〈그림 6-2〉 고령층과 청장년층 간의 경제활동참가율에 있어서의 상관관계(1992~2002)

*가로축: 25세 이하 연령층의 경제활동참가율(%),
세로축: 50~64세 연령층의 경제활동참가율(%)
출처: OECD(2004), p. 138.

가장 중요한 점은 고령자의 취업으로 인해 청년층의 일자리가 감소하는지에 대한 상관관계 여부이다. 이점은 이미 미국에서 실증적인 분석에 의해 상관관계가 적다는 것으로 판명이 났고 따라서 미국에서도 고령자 고용정책에 있어서 제약을 받지 않고 있다는 점에 유의해야 할 것이다. 또한 유럽국가의 경우에서도 같은 현상을 볼 수 있다. <그림 6-2>에서 보면 OECD 국가에서도 노인층과 청년층의 고용성과에는 긍정적인 상관관계가 존재하고 있다. 즉 노인의 취업률이 증가하면 청년 취업률이 감소하기보다는 오히려 증가하는 경향이 있는 것이다.

참고문헌

1장

고희채, 방희경(2007). 고령화가 경상수지에 미치는 영향: OECD 국가를 대상으로. 대외경제연구, 제 11권 1호: 59-82.

국가통계포탈: http://www.kosis.kr.

국민건강보험공단(2007). 2006 건강보험통계연보.

김태헌, 장지연, 전광희, 양수경(2007). 한국고령화 진행과정의 중장기 예측. 노동부.

문형표, 김동석, 윤희숙, 박창균, 이삼호, 이삼식, 방하남, 최준욱, 김주섭, 선우덕, 윤주현, 정의철(2006). 인구구조 고령화의 경제·사회적 파급효과와 대응과제. 한국개발연구원.

보건복지부(2005). 고령보건복지사업안내.

유성호(2000). 노인과 성인자녀의 별거를 결정하는 변인: 그 이론적 탐색 II. 고령복지연구 8: 169-180.

윤종주(1980). 우리나라 노년인구에 대한 사회인구학적 고찰. 한국노년학 1권(창간호): 22-37.

정경희, 오영희, 석재은, 도세록, 김찬우, 이윤경, 김희경(2005). 2004년도 전국 노인생활실태 및 복지욕구조사. 한국보건사회연구원/보건복지부.

최성재, 장인협(2002). 노인복지학. 서울대학교출판부.

통계청(1993). 1990 인구주택총조사보고서. 제 8권 고령자.

통계청(1997). 1995 인구주택총조사보고서. 제 8권 고령자.

통계청(2001). 장래인구추계 결과.

통계청(2002). 2000 인구주택총조사보고서. 제 10권 고령자.

통계청(2006). 장래인구추계 결과.

통계청(2006a). 2006 고령자 통계.
통계청(2007). 2007 고령자 통계.
통계청(2007a). 2006년 생명표 작성결과.
통계청(2008). 2008 고령자 통계.
Hooyman Nancy and Kiyak H. Asuman(1996). Social Gerontology: A Multidisciplinary Perspective. Needham Heights: Allyn & Bacon.
OECD(2006). Society at a Glance: OECD Social Indicators.
OECD(2007). OECD Factbook 2007.
OECD(2007a). OECD Society at a Glance.

2장

강신욱, 강신욱, 신영석, 이태진, 강은정, 김태완, 최현수, 임완섭(2006). 사회양극화의 실태와 정책과제. 한국보건사회연구원.
공무원연금관리공단, 2005년 공무원연금통계(www.gepco.or.kr).
국가통계포탈: http://www.kosis.kr.
국민연금관리공단, 2005년 국민연금통계연보(www.npc.or.kr).
국방부(2006). 2005년 군인연금통계연보.
노동부 홈페이지(http://www.molab.go.kr).
노동부(2007) 노동부 보도자료 '고령화는 잰걸음, 기업 평균정년은 게걸음'.
노동부(2008). 2008 노동통계연감.
대한민국정부(2006). 제 1차 저출산고령사회 기본계획.
박상헌, 신화연(2001). 국민연금 수급자 추계. 국민연금관리공단 국민연금연구센터.
법제처. http://www.moleg.go.kr.
사립학교교직원연금관리공단 2005년 사립학교교직원연금통계(www.ktpf.or.kr).
이병준, 이동임, 최지희(1999). 준·고령자 직업훈련 프로그램 개발 연구. 한국직업능력개발원.

장명희, 주인중, 박윤희(2003). 준·고령자 취업능력 제고를 위한 교육프로그램 개발. 한국직업능력개발원.

장민수(2001). 고령자 고용안정 대책. 질서경제저널 4, 2: 125-149.

정경희, 오영희, 석재은, 도세록, 김찬우, 이윤경, 김희경(2005). 2004년도 전국노인생활실태 및 복지욕구조사. 한국보건사회연구원·보건복지부.

통계청(2007). 2007 고령자 통계.

통계청(2007a). 2007년 사회통계조사결과(복지, 문화와 여가, 소득과 소비).

통계청(2008). 2008 고령자 통계.

AARP(American Association of Retired Persons, http://www.aarp.org).

Atchley, Robert C.(1988). Social Forces and Aging. Cal: Wadsworth Publishing Company.

OECD. Stat Extracts(http://www.webnet.oecd.org).

OECD(2006a). Live Longer, Work Longer.

OECD(2008). Growing Unegual? Income Distributim and Poverty in OECD Countries.

Thorson, James A.(2000). Aging in a Changing Society. PA: Brunner/Mazel.

3장

강남시니어클럽. http://www.gncsc.or.kr.

강신옥, 모선희(2007). 노인인력활용 프로그램에 관한 한·일 비교연구 -시니어클럽과 실버 인재센터를 중심으로-. 노인복지연구, 38: 157-184.

고재성(2007). 고령자 취업기관 관련 정책 및 기관 현황 분석. 한국고용정보원.

권구영, 최정민(2007). 노인일자리사업 참여경험과 삶의 질 간의 관계 -전라남도를 중심으로-. 노인복지연구, 38: 51-78.

김정한, 임효창(2008). 임금피크제 실태조사. 노동부.

김중진, 박상철, 송화진(2007). 고령자 우선고용직종 분석 및 재평가(연구보고서). 노동부.

노동부. http://www.molab.go.kr.

노동부(2005). 2005년도 고령자인재은행 운영계획.

노동부(2006). 300인 이상 사업장 고령자 고용현황조사 분석.

노동부(2006a). 고령자고용환경개선자금 융자규정.

노동부(2007). 보도자료. '고령화는 잰걸음. 기업 평균정년은 게걸음.

노동부(2008). 2008 노동백서.

노동부(2008a). 보도자료. 어르신- 고령자인재은행이 일자리를 해결해드리겠습니다.

노동부(2008b). 고령자 고용지원제도 안내.

노동부(2008c). 고령자 고용촉진 지원.

노동부고시 제 2008-56호.

도봉시니어클럽, http://www.dbcsc.or.kr.

문형표, 김동석, 윤희숙, 박창균, 이삼호, 이삼식, 방하남, 최준욱, 김주섭, 선우덕, 윤주현, 정의철(2006). 인구구조 고령화의 경제·사회적 파급효과와 대응과제. 한국개발연구원.

법제처. http://www.moleg.go.kr.

변재관(1999). 노인인력 활용의 활성화 방안(서울시 노인을 중심으로). 1999년 서울시 노인복지 워크숍 자료집.

보건복지부(2008). 2008 노인보건복지사업안내.

오민홍, 권혜자, 백광호, 박성재(2007). 고령자(다수) 고용촉진장려금 지원기준율의 합리적 개정방안. 한국고용정보원.

유길상(2008). 고용안정사업 개편방안. 노동부.

임우석(2008). 도시지역 노인일자리사업 활성화에 관한 연구. 도시행정학보 21(2): 371-395.

정경배(1999). 한국의 노인복지정책방향. 노인복지정책연구, 14: 9-48.

정경희, 오영희, 석재은, 도세록, 김찬우, 이윤경, 김희경(2005). 2004년도 전국노인생활실태 및 복지욕구조사. 한국보건사회연구원·보건복지부.

조용만, 이인재(2007). 연령차별 금지제도의 사회경제적 영향분석 및 도입방안. 노동부.

중앙일보(2008년 9월 10일). 임금피크제 보전수당 상시 운영키로.

중앙일보(2007년 9월 18일). '늙어가는 일본'...21.5%가 고령.

한국노인인력개발원(2008). 제1기(2004-2007) 노인일자리사업백서.

한국시니어클럽협회. http://www.silverpower.or.kr.
황진수, 최성재, 김태현, 이가옥, 유성호, 변재관(2001). 고령자 취업 활성화 방안. 한국노년학, 21(1): 93-118.

4장

김대빈, 이금룡(2005). 고령자 고용활성화 정책. 한국학술정보(주).
김정환(2005). 근로자의 고용연장을 위한 임금체계 개편 지원제도 설계. 노동부.
김흥종, 신정완, 신상호(2006). 사회경제정책의 조화와 합의의 도출. 주요 선진국의 경험과 정책 시사점. KIEP.
노동부(2007). 고령화는 잰걸음, 기업 평균정년은 게걸음. 노동부 보도자료 2007.5.10.
대한상공회의소(2007). 고령사회와 고령인력 활용 증진 방안.
박효숙(2006). 일본 개정 고령자고용안정법 소개. 국제노동브리프 2006. p. 70-77.
이승길(2007). 고령화에 따른 일본의 노동정책과 그 시사점. KIET 산업경제 총권 105호 2007. 6. p.35-53.
장민수(2007). 고령자 고용안정 대책. -적극적 노동시장 정책을 중심으로- 질서경제저널 제10권 2호. pp.99-118.
저출산고령화사회위원회(2006). 일본고령사회백서. 2005.
조영훈(2005). 최근 일본 복지정책의 동향과 평가: 연금과 의료를 중심으로. 사회복지정책 22권. pp.29-47.
통계청(2006). 장래인구추계 결과. 2006. 11월.
통계청. KOSIS DB. http://kosis.kr.
황준욱(2003). 미국, 프랑스의 고용창출지원 프로그램 연구. 한국노동연구원.
OECD. Employment Outlook. 1995-2007년 각년도.

5장

국민연금연구원(2007). 노령기초소득보장제도의 국제비교연구. -미국, 일본, 캐나다, 호주를 중심으로-. 2007.

김대빈, 이금룡(2005). 고령자 고용활성화 정책.

김흥종, 신정완, 신상호(2006). 사회경제정책의 조화와 합의와 도출. 주요 선진국의 경험과 정책 시사점. KIEP.

나병균(2000). 정년제도와 사회보장. 한국사회복지학 제42권. p. 169-198.

노동부(2006). 고령자 고용촉진을 위한 법제도 개선방안. (사)국제노동법연구원.

노동부(2006a). 고령화 고용현황 조사분석. 2006. 8.

대한상공회의소(2007). 고령사회와 고령인력 활용 증진방안.

방하남 외(2005). 인국 고령화와 노동시장 변화 및 노동정책과제. 한국노동연구원.

원영희(2001). 미국의 노인소득보장 관련법 프로그램. 노인복지저액 연구. 제20호. pp.47-109.

최숙희(2008). 고령화정책의 우선순위 분석. Issue Paper 삼성경제연구소.

통계청. KDSIS DB. http:/www.kosis.kr.

황준욱(2003). 미국, 프랑스의 고용창출지원 프로그램 연구. 한국노동연구원.

한국노동연구원(2006). 고령자고용안정법의 개정. 해외노동소식. http://www.kli.re.kr.

Casey, B., Howard Oxley. Edward Whithouse, Pablo Anolin, Romain Duval & Willi Leibfritz, "Policies for an Ageing Society: Recent Measures and Areas for Further Reform", OECD Economics Department, Working Paper No. 369, 2003.

Eberts R. W., O'Leary C.J.(2001). Public Employment Ploicy in the New Economic Environment: The Unites States Experience.

European Foundation for the lmprovement of Living and Working Conditions (2007). Employment initiatives for an Ageing Workforce.

OECD(2007). Pension at a Glance.

OECD. Employment Outlook, 1995-2007년 각년도.

U.S. Department of Labor Employment and Training Administration http://www. doleta.gov.

6장

곽효문(2006). 고령층의 고용활동 활성화 정책. 노인복지연구. 제31권. pp.283-311.

노동부(2006a). 고령화 고용현황 조사분석. 2006. 8.

노동부(2007). 고령화는 잰걸음. 기업 평균정년은 게걸음. 노동부 보도자료 2007. 5. 10.

대한상공회의소(2007). 고령사회와 고령인력 활용 증진 방안.

방하남 외(2005). 인구 고령화와 노동시장 변화 및 노동정책과제. 한국노동연구원.

장민수(2007). 고령자 고용안정 대책. -적극적 노동시장 정책을 중심으로-. 질서경제저널 제10권 2호. pp. 99-118.

조영훈(2005). 최근 일본 복지정책의 동향과 평가: 연금과 의료를 중심으로. 사회복지정책 22권. pp. 29-47.

통계청(2006). 장래인구추계 결과. 2006. 11월.

황준욱(2003). 미국, 프랑스의 고용창출지원 프로그램 연구. 한국노동연구원.

한국노동연구원(2006). 고령자고용안정법의 개정. 해외노동소식. http://www. kli.kr.kr.

한국노동연구원(2007). 고령화연구패널 1차 기본조사 완료. 보도자료. 2007.1.26.

Casey, B., Howard Oxley. Edward Whithouse, Pablo Anolin, Romain Duval & Willi Leibfritz, "Policies for an Ageing Society: Recent Measures and Areas for Further Reform", OECD Economics Department, Working Paper No. 369, 2003.

OECD(2004). Ageing and Employment Policies, Korea.

OECD(2007). Pension at a Glance.

OECD. Employment Outlook, 1995-2007년 각년도.

Schettkat, R.(2000). Makro-ökonomischer Kontext der Zusammenhang zwischen Produkt und Areitsmärkten, in Ways and Means of Increasing employment, Intennational Labor market Conference, Hannover, September 5. 2000.

부록편

<부록 1>

준고령자·고령자 우선고용직종(2008년 기준)

□ 공공부문(「고용상 연령차별금지 및 고령자고용촉진에 관한 법률」 제16조제1항에 따른 기관에 적용)

연번	우선고용직종명	한국고용 직업분류 세분류코드	예 시 직 업
1	경영 및 진단전문가 (경영컨설턴트)	0212	경영지도사, 경영진단전문가, 경영컨설턴트, 창업지원컨설턴트, 프랜차이즈컨설턴트, M&A컨설턴트, ISO인증심사원, 기타 고령자가 수행 가능한 유사 직종 등
2	자재관리 사무원 (창고관리원)	0251	물품불출원, 물품입고원, 자재검수원, 기타 고령자가 수행 가능한 유사 직종 등
3	안내·접수사무원 및 전화교환원	0281	가스접수사무원, 견학담당안내원, 고장접수안내원, 공항시설안내원, 데스크안내원, 박물관안내원, 방송안내원, 백화점안내데스크원, 병원접수원, 분실물접수원, 숲해설가, 시설 및 견학안내원, 안내접수원, 우편물접수원, 접수 및 예약사무원, 접수예약사무원, 화랑안내원, 기타 고령자가 수행 가능한 유사 직종 등
4	고객 상담 및 모니터요원	0282	고객관리원, 고객불만처리원, 고객 상담원, 모니터요원, 민원상담원, 콜센터상담원, 기타 고령자가 수행 가능한 유사 직종 등
5	통계관련 사무원	0283	교통량조사원, 보험통계사무원, 설문조사원, 시장조사원, 실태조사원, 여론조사원, 인구조사원, 지가조사원, 통계조사원, 기타 고령자가 수행 가능한 유사 직종 등
6	전산자료입력원 및 사무보조원	0292	교정사무원, 단순자료입력원, 데이터입력원, 도서 및 자료정리원, 도서대출사무원, 매출자료입력원, 명세표입력원, 문서분류·정리원, 서류 및 도면정리사무원, 시험감독관, 약국전산원 및 보조원, 일반사무보조원, 컴퓨터자료입력원, 홈페이지자료입력원, 기타 고령자가 수행 가능한 유사 직종 등

연번	우선고용직종명	한국고용 직업분류 세분류코드	예 시 직 업
7	농림어업관련 시험원	0453	농림어업관련자문가, 농촌지도사, 영림자문가, 원예기술자, 육종기술자, 조림자문가, 기타 고령자가 수행 가능한 유사 직종 등
8	예능 강사 (사회교육강사)	0484	가정문화강사, 예절강사, 사회교육강사, 기타 고령자가 수행 가능한 유사 직종 등
9	영양사	0673	급식영양사, 보건영양사, 산업보건영양사, 상담영양사, 임상영양사, 기타 고령자가 수행 가능한 유사 직종 등
10	사회복지사	0711	사회복지상담원, 사회복지사(교정담당, 학교, 의료, 산업, 기업, 아동복지시설, 사회복지관), 사회복지자원봉사관리자, 정신보건사회복지사, 기타 고령자가 수행 가능한 유사 직종 등
11	상담전문가 및 청소년지도사	0712	고령자대상상담원, 상담가, 상담교사, 상담심리사, 상담심리전문가, 심리상담가, 진로상담가, 청소년상담원, 청소년지도사, 기타 고령자가 수행 가능한 유사 직종 등
12	보육교사	0721	보육교사, 보육사, 시설보육사, 유치원보조원, 기타 고령자가 수행 가능한 유사 직종 등
13	사회복지관련종사원 (생활지도원 및 보조원)	0729	기숙사사감, 복지시설보조원, 사회복지보조요원, 생활지도원, 기타 고령자가 수행 가능한 유사 직종 등
14	사서 및 기록물관리사 (기록물관리사 제외)	0822	사서, 기타 고령자가 수행 가능한 유사 직종 등
15	버스운전원	0932	고속버스운전원, 관광버스운전원, 마을버스운전원, 시내버스운전원, 시외버스운전원, 영구차(버스)운전원, 통근버스운전원, 학교버스운전원, 학원버스운전원, 기타 고령자가 수행 가능한 유사 직종 등
16	자동차운전원 (승합차, 승용차 등)	0939	기관장자가용운전원, 승합차운전원, 업무차량운전원, 임원차량 운전원, 기타 고령자가 수행 가능한 유사 직종 등
17	상점판매원 (상점판매 관리 포함)	1031	공원매점원, 구내매점원, 매장관리자, 백화점판매원, 상점관리인, 쇼핑몰관리인, 영업관리사무원, 의류판매원, 점장, 특산물판매원, 판매관리인, 학교매점원, 기타 고령자가 수행 가능한 유사 직종 등
18	매장계산원 및 요금정산원	1041	계산대수납원, 요금정산원, 주차요금정산원, 통행료정산원, 카운터, 캐셔, 기타 고령자가 수행 가능한 유사 직종 등

연번	우선고용직종명	한국고용 직업분류 세분류코드	예 시 직 업
19	매표원 및 복권 판매원	1042	마권발매원, 매표수납원, 매표원, 발매원(지하철, 열차), 복권판매원, 기타 고령자가 수행 가능한 유사 직종 등
20	경비원	1120	건널목관리인, 경비원(관공서, 건물, 공사현장, 공장, 아파트, 학교 등), 골프장관리원, 공원관리인, 공원순찰원, 공원안전요원, 공원질서요원, 교구관리인, 매장감시원, 묘지관리인, 문화재관리인, 배수지관리원, 빌딩보안원, 산림보호원, 산불감시원, 수렵감시원, 쓰레기매립장관리원, 식물원관리원, 안전순찰감시원, 운동장관리원, 조류보호구역감시원, 질서유지원, 하천감시원, 환경감시원, 기타 고령자가 수행 가능한 유사 직종 등
21	청소원	1131	건물청소원(병원, 사무실, 아파트, 음식업소, 호텔 및 숙박시설 등), 공원청소원, 노견정리원, 룸메이드(객실미화원), 매트리스클리너, 세차원(열차, 항공기 포함), 정화조청소원, 카펫청소원, 기타 고령자가 수행 가능한 유사 직종 등
22	환경미화원 및 재활용품수거원	1132	재활용품수거원, 환경미화원, 기타 고령자가 수행 가능한 유사 직종 등
23	계기검침원 및 가스점검원	1151	가스검침원, 수도검침원, 안전점검원, 전기검침원, 기타 고령자가 수행 가능한 유사 직종 등
24	주차관리원 및 안내원	1153	교통정리원, 주정차위반단속원, 주차단속원, 주차장안내원, 주차장관리원, 기타 고령자가 수행 가능한 유사 직종 등
25	검표원	1154	검표원, 기타 고령자가 수행 가능한 유사 직종 등
26	주방장 및 조리사 (한식·중식·양식·일식· 기타 주방장 및 조리사)	1311～4, 1319	한식주방장 및 조리사, 중식주방장 및 조리사, 양식주방장 및 조리사, 일식주방장 및 조리사, 단체급식주방장 및 조리사, 복어조리사, 기타 고령자가 수행 가능한 유사 직종 등
27	주방보조원	1323	식재료세척원, 주방보조원, 찬모, 학교급식도우미, 호텔식당보조원, 기타 고령자가 수행 가능한 유사 직종 등
28	건축가 및 건축공학기술자	1411	건축감리기술자, 건축견적원, 건축구조기술자, 건축설계기술자, 건축설비기술자, 건축시공기술자, 건축안전기술자, 건축컨설턴트, 인테리어시공기술자, 기타 고령자가 수행 가능한 유사 직종 등

연번	우선고용직종명	한국고용 직업분류 세분류코드	예 시 직 업
29	토목공학기술자	1412	건물토목시공기술자, 토목시공기술자(교량, 댐, 도로, 공항, 항만, 철도 등), 토목감리기술자, 토목견적원, 토목구조기술자, 토목설계기술자, 토목안전기술자, 기타 고령자가 수행 가능한 유사 직종 등
30	조경기술자	1413	문화재조경설계사, 조경감리기술자, 조경시공기술자, 조경설계건축가, 기타 고령자가 수행 가능한 유사 직종 등
31	도시 및 교통설계전문가	1414	교통영향평가원, 도시계획가, 도시설계가, 기타 고령자가 수행 가능한 유사 직종 등
32	건축마감관련 기능종사원(건축 수리 및 보수원)	1439	건물보수원, 건물수리원, 영선원, 기타 고령자가 수행 가능한 유사 직종 등
33	기계공학기술자 및 연구원	1511	건설기계공학기술자, 금형공학기술자, 기계감리기술자, 기계공학자문가, 냉난방 및 공조공학기술자, 사무용기계공학기술자, 산업기계공학기술자, 자동차공학기술자, 조선공학기술자, 플랜트공학기술자, 항공기 및 철도차량공학기술자, 기타 고령자가 수행 가능한 유사 직종 등
34	냉난방 관련 설비 조작원	1560	난방장치조작원, 냉각장치조작원, 냉동기조작원, 냉동시설조작원, 냉장시스템조작원, 보일러조작원, 선박보일러, 환기장치조작원, 기타 고령자가 수행 가능한 유사 직종 등
35	화학공학 기술자 및 연구원	1711	가스기술자, 고무 및 플라스틱화학기술자, 농약 및 비료화학기술자, 도료 및 비누제품화학기술자, 석유화학기술자, 에너지기술자, 의약품화학기술자, 화학공학자문가, 기타 고령자가 수행 가능한 유사 직종 등
36	전기공학 기술자 및 연구원	1911	발전설비전기기술자, 송·배전설비전기기술자, 전기감리기술자, 전기공사기술자, 전기설계개발기술자, 전기안전진단기술자, 기타 고령자가 수행 가능한 유사 직종 등
37	전자공학 기술자 및 연구원	1912	가전기기개발·설계기술자, 반도체공학기술자, 전자공학자문가, 전자부품개발·설계기술자, 전자의료기기개발·설계기술자, 전자제어계측기술자, 전자제품개발·설계기술자, 기타 고령자가 수행 가능한 유사 직종 등
38	전기 및 전자 설비 조작원	1950	건물전기설비조작원, 공장전기설비조작원, 병원전기 관리원, 아파트전기시설관리공무, 기타 고령자가 수행 가능한 유사 직종 등

연번	우선고용직종명	한국고용 직업분류 세분류코드	예 시 직 업
39	통신공학 기술자 및 연구원	2012	통신감리기술자, 통신공학자문가, 통신기기개발자, 통신기술개발자, 통신망운영기술자, 통신장비개발자, 기타 고령자가 수행 가능한 유사 직종 등
40	식품공학 기술자 및 연구원	2111	가공식품개발연구원, 발효식품연구원, 식품분석연구원, 식품소재개발연구원, 양조생산 기술자, 음식료품 기술자, 천연식품연구원, 기타 고령자가 수행 가능한 유사 직종 등
41	환경공학 기술자 및 연구원	2211	대기환경기술자, 소음진동기술자, 수질환경기술자, 토양환경기술자, 폐기물처리기술자, 환경영향 평가원, 환경컨설턴트, 기타 고령자가 수행 가능한 유사 직종 등
42	보건위생 및 환경 검사원	2213	대기환경검사원, 보건위생검사원, 산업위생보건원, 소독·방역원, 소음진동검사원, 수질환경검사원, 식품위생감시원, 위생시험원, 직업보건관리원, 폐기물처리검사원, 기타 고령자가 수행 가능한 유사 직종 등
43	산업안전 및 위험관리원	2224	건물검사원, 건물안전관리원, 기계안전원, 산업안전기술자, 산업안전관리원, 산업안전시험원, 소방시설관리원, 안전관리기술자, 안전관리시험원, 전기안전원, 차량안전관리원, 화공안전원, 기타 고령자가 수행 가능한 유사 직종 등
44	상·하수도 처리장치 조작원	2231	상수처리장치조작원, 펌프장조작원, 폐수처리장치조작원, 하수처리장치조작원, 하수처리제어장치조작원, 기타 고령자가 수행 가능한 유사 직종 등
45	포장원 및 제조관련 단순 종사원	2290	단순조립원, 단순운반원, D-mail분류원, 밀봉기조작원, 병세척원, 부품 및 제품 단순분류원, 선별원, 수동포장원, 수작업라벨부착원, 재활용품분류원, 전단지배포 및 부착원, 정리정돈원, 제품단순검사원, 종이봉투접합원, 포상기소삭원, 기타 고령자가 수행 가능한 유사 직종 등
46	조경원	2315	원예사, 조경관리원, 조경원, 조경조원사, 기타 고령자가 수행 가능한 유사 직종 등
47	농림어업관련 단순 종사원	2350	과실수확원, 농장단순노무자, 목장단순노무자, 식물재배원, 어업관련단순노무자, 임업관련단순노무자, 작물재배관련단순노무자, 기타 고령자가 수행 가능한 유사 직종 등

□ 민간부문(「고용상 연령차별금지 및 고령자고용촉진에 관한 법률」 제16조제2항에 따른 사업주에게 적용)

연번	우선고용직종명	한국고용 직업분류 세분류코드	예 시 직 업
1	환경·청소 및 경비 관련 관리자	0190	경비서비스업체관리자, 무인경비업체관리자, 방역서비스업체관리자, 분뇨수거처리관리자, 시설경비업체관리자, 주택관리사(아파트 관리소장), 청소업체관리자, 폐기물처리업관리자, 폐수·하수처리장관리자, 환경서비스업관리자, 기타 고령자가 수행 가능한 유사 직종 등
2	경영 및 진단전문가 (경영컨설턴트)	0212	경영지도사, 경영진단전문가, 경영컨설턴트, 창업지원컨설턴트, 프랜차이즈컨설턴트, M&A컨설턴트, ISO인증심사원, 기타 고령자가 수행 가능한 유사 직종 등
3	자재관리 사무원 (창고관리원)	0251	물품불출원, 물품입고원, 자재검수원, 기타 고령자가 수행 가능한 유사 직종 등
4	생산 및 품질 관리사무원	0252	생산계획사무원, 생산관리기술자, 생산관리사무원, 품질관리기술자, 품질관리사무원, 기타 고령자가 수행 가능한 유사 직종 등
5	안내·접수사무원 및 전화교환원	0281	가스접수사무원, 견학담당안내원, 고장접수안내원, 공항시설안내원, 데스크안내원, 박물관안내원, 방송안내원, 백화점안내데스크원, 병원접수원, 분실물접수원, 숲해설가, 시설 및 견학안내원, 안내접수원, 우편물접수원, 접수 및 예약사무원, 접수예약사무원, 화랑안내원, 기타 고령자가 수행 가능한 유사 직종 등
6	고객상담 및 모니터요원	0282	고객관리원, 고객불만처리원, 고객상담원, 모니터요원, 민원상담원, 콜센터상담원, 기타 고령자가 수행 가능한 유사 직종 등
7	통계관련 사무원	0283	교통량조사원, 보험통계사무원, 설문조사원, 시장조사원, 실태조사원, 여론조사원, 인구조사원, 지가조사원, 통계조사원, 기타 고령자가 수행 가능한 유사 직종 등
8	전산자료입력원 및 사무보조원	0292	교정사무원, 단순자료입력원, 데이터입력원, 도서 및 자료정리원, 도서대출사무원, 매출자료입력원, 명세표입력원, 문서분류·정리원, 서류 및 도면정리사무원, 시험감독관, 약국전산원 및 보조원, 일반사무보조원, 컴퓨터자료입력원, 홈페이지자료입력원, 기타 고령자가 수행 가능한 유사 직종 등
9	농림어업관련 시험원	0453	농림어업관련자문가, 농촌지도사, 영림자문가, 원예기술자, 육종기술자, 조림자문가, 기타 고령자가 수행 가능한 유사 직종 등

연번	우선고용직종명	한국고용 직업분류 세분류코드	예 시 직 업
10	예능 강사 (사회교육강사)	0484	가정문화강사, 예절강사, 사회교육강사, 기타 고령자가 수행 가능한 유사 직종 등
11	영양사	0673	급식영양사, 보건영양사, 산업보건영양사, 상담영양사, 임상영양사, 기타 고령자가 수행 가능한 유사 직종 등
12	간병인	0682	간병인, 산후조리종사원, 기타 고령자가 수행 가능한 유사 직종 등
13	사회복지사	0711	사회복지상담원, 사회복지사(교정담당, 학교, 의료, 산업, 기업, 아동복지시설, 사회복지관), 사회복지자원봉사관리자, 정신보건사회복지사, 기타 고령자가 수행 가능한 유사 직종 등
14	상담전문가 및 청소년지도사	0712	고령자대상상담원, 상담가, 상담교사, 상담심리사, 상담심리전문가, 심리상담가, 진로상담가, 청소년상담원, 청소년지도사, 기타 고령자가 수행 가능한 유사 직종 등
15	보육교사	0721	보육교사, 보육사, 시설보육사, 유치원보조원, 기타 고령자가 수행 가능한 유사 직종 등
16	사회복지관련종사원(생활지도원 및 보조원)	0729	기숙사사감, 복지시설보조원, 사회복지보조요원, 생활지도원, 기타 고령자가 수행 가능한 유사 직종 등
17	사서 및 기록물관리사 (기록물관리사 제외)	0822	사서, 기타 고령자가 수행 가능한 유사 직종 등
18	버스운전원	0932	고속버스운전원, 관광버스운전원, 마을버스운전원, 시내버스운전원, 시외버스운전원, 영구차(버스)운전원, 통근버스운전원, 학교버스운전원, 학원버스운전원, 기타 고령자가 수행 가능한 유사 직종 등
19	자동차운전원 (승합차, 승용차 등)	0939	기관장자가용운전원, 승합차운전원, 업무차량운전원, 임원차량 운전원, 기타 고령자가 수행 가능한 유사 직종 등
20	물품이동장비조작원 (지게차 운전원)	0940	지게차운전원, 적재용차량운전원, 기타 고령자가 수행 가능한 유사 직종 등
21	배달원	0959	문서송달원, 물품배달원, 수하물운반원, 신문배달원, 지하철배달원, 카드배달원, 택배배달원, 기타 고령자가 수행 가능한 유사 직종 등
22	기술영업원	1011	건설용기계기술영업원, 농업용기계기술영업원, 산업용기계기술영업원, 의료장비기술영업원, 전기전자제품기술영업원, 정보통신기술영업원, 기타 고령자가 수행 가능한 유사 직종 등

연번	우선고용직종명	한국고용 직업분류 세분류코드	예 시 직 업
23	제품 및 광고영업원	1014	건설자재관련영업원, 광고영업원, 농수산물관련영업원, 담배영업원, 식품영업원, 의약영업원, 기타 고령자가 수행 가능한 유사 직종 등
24	상점판매원 (상점판매 관리 포함)	1031	공원매점원, 구내매점원, 매장관리자, 백화점판매원, 상점관리인, 쇼핑몰관리인, 영업관리사무원, 의류판매원, 점장, 특산물판매원, 판매관리인, 학교매점원, 기타 고령자가 수행 가능한 유사 직종 등
25	텔레마케터	1034	금융텔레마케터, 부동산텔레마케터, 상품텔레마케터, 카드텔레마케터, 인바운드텔레마케터, 인터넷가입유치텔레마케터, 기타 고령자가 수행 가능한 유사 직종 등
26	매장계산원 및 요금정산원	1041	계산대수납원, 요금정산원, 주차요금정산원, 통행료정산원, 카운터, 캐셔, 기타 고령자가 수행 가능한 유사 직종 등
27	매표원 및 복권 판매원	1042	마권발매원, 매표수납원, 매표원, 발매원(지하철, 열차), 복권판매원, 기타 고령자가 수행 가능한 유사 직종 등
28	주유원	1053	가스충전원, 주유원, 기타 고령자가 수행 가능한 유사 직종 등
29	판매관련 단순 종사원	1059	매장정리원, 물품보관 및 정리원, 상품운반원, 상품진열원, 쇼핑카터운반· 정리원, 기타 고령자가 수행 가능한 유사 직종 등
30	경비원	1120	건널목관리인, 경비원(관공서, 건물, 공사현장, 공장, 아파트, 학교 등), 골프장관리원, 공원관리인, 공원순찰원, 공원안전요원, 공원질서요원, 교구관리인, 매장감시원, 묘지관리인, 문화재관리인, 배수지관리원, 빌딩보안원, 산림보호원, 산불감시원, 수렵감시원, 쓰레기매립장관리원, 식물원관리원, 안전순찰감시원, 운동장관리원, 조류보호구역감시원, 질서유지원, 하천감시원, 환경감시원, 기타 고령자가 수행 가능한 유사 직종 등
31	청소원	1131	건물청소원(병원, 사무실, 아파트, 음식업소, 호텔 및 숙박시설 등), 공원청소원, 노견정리원, 룸메이드(객실미화원), 매트리스클리너, 세차원(열차, 항공기 포함), 정화조청소원, 카펫청소원, 기타 고령자가 수행 가능한 유사 직종 등

연번	우선고용직종명	한국고용 직업분류 세분류코드	예 시 직 업
32	환경미화원 및 재활용품수거원	1132	재활용품수거원, 환경미화원, 기타 고령자가 수행 가능한 유사 직종 등
33	계기검침원 및 가스점검원	1151	가스검침원, 수도검침원, 안전점검원, 전기검침원, 기타 고령자가 수행 가능한 유사 직종 등
34	주차관리원 및 안내원	1153	교통정리원, 주정차위반단속원, 주차단속원, 주차장안내원, 주차장관리원, 기타 고령자가 수행 가능한 유사 직종 등
35	검표원	1154	검표원, 기타 고령자가 수행 가능한 유사 직종 등
36	여행 및 관광통역안내원	1233	관광안내원, 관광통역안내원, 국내여행안내원, 기타 고령자가 수행 가능한 유사 직종 등
37	주방장 및 조리사 (한식·중식·양식·일식·기타 주방장 및 조리사)	1311~4, 1319	한식주방장 및 조리사, 중식주방장 및 조리사, 양식주방장 및 조리사, 일식주방장 및 조리사, 단체급식주방장 및 조리사, 복어조리사, 기타 고령자가 수행 가능한 유사 직종 등
38	웨이터 (접객원)	1322	웨이터, 웨이트리스, 홀써빙원, 기타 고령자가 수행 가능한 유사 직종 등
39	주방보조원	1323	식재료세척원, 주방보조원, 찬모, 학교급식도우미, 호텔식당보조원, 기타 고령자가 수행 가능한 유사 직종 등
40	건축가 및 건축공학기술자	1411	건축감리기술자, 건축견적원, 건축구조기술자, 건축설계기술자, 건축설비기술자, 건축시공기술자, 건축안전기술자, 건축컨설턴트, 인테리어시공기술자, 기타 고령자가 수행 가능한 유사 직종 등
41	토목공학기술자	1412	건물토목시공기술자, 토목시공기술자(교량, 댐, 도로, 공항, 항만, 철도 등), 토목감리기술자, 토목견적원, 토목구조기술자, 토목설계기술자, 토목인진기술자, 기타 고령자가 수행 가능한 유사 직종 등
42	조경기술자	1413	문화재조경설계사, 조경감리기술자, 조경시공기술자, 조경설계건축가, 기타 고령자가 수행 가능한 유사 직종 등
43	도시 및 교통설계전문가	1414	교통영향평가원, 도시계획가, 도시설계가, 기타 고령자가 수행 가능한 유사 직종 등
44	건축목공	1426	내장(인테리어)목공, 목구조목공, 창호목공, 기타 고령자가 수행 가능한 유사 직종 등

연번	우선고용직종명	한국고용 직업분류 세분류코드	예 시 직 업
45	건축도장공	1436	건물도장공, 건축도장원, 무대장치도장원, 기타 고령자가 수행 가능한 유사 직종 등
46	건축마감관련 기능종사원(건축 수리 및 보수원)	1439	건물보수원, 건물수리원, 영선원, 기타 고령자가 수행 가능한 유사 직종 등
47	배관공 (건설·공업·기타배관공)	1441~2 1449	가스배관공, 도관연결원, 배관누수탐지원, 상수도관배관공, 설비배관원, 연관원, 하수도관배관공, 기타 고령자가 수행 가능한 유사 직종 등
48	건설 및 광업단순종사원	1470	건물건설단순노무원, 건물건설적재공, 건물건축운반인부, 건물정비잡역부, 댐건설단순노무원, 도로건설단순노무원, 보선단순노무자, 수로정비단순노무원, 토목건설단순노무원, 기타 고령자가 수행 가능한 유사 직종 등
49	기계공학기술자 및 연구원	1511	건설기계공학기술자, 금형공학기술자, 기계감리기술자, 기계공학자문가, 냉난방 및 공조공학기술자, 사무용기계공학기술자, 산업기계공학기술자, 자동차공학기술자, 조선공학기술자, 플랜트공학기술자, 항공기 및 철도차량공학기술자, 기타 고령자가 수행 가능한 유사 직종 등
50	공업기계 설치 및 정비원	1521	공작기계 설치 및 정비원, 기계공구 설치 및 정비원, 농업용기계 설치 및 정비원, 섬유가공기계 설치 및 정비원, 식품가공기계 설치 및 정비원, 인쇄기계 설치 및 정비원, 기타 고령자가 수행 가능한 유사 직종 등
51	냉동·냉장·공조기 설치 및 정비원	1524	공조기 설치 및 정비원, 냉동기 설치 및 정비원, 크린룸정비원, 기타 고령자가 수행 가능한 유사 직종 등
52	보일러 설치 및 정비원	1525	건물용보일러 설치 및 수리원, 아파트보일러 설치 및 수리원, 기타 고령자가 수행 가능한 유사 직종 등
53	건설 및 광업 기계 설치 및 정비원	1526	건설기계(중기)엔진정비원, 건설기계(중기)유압정비원, 건설기계(중기)정비원, 건설기계(중기)차체정비원, 광업용기계설치원, 광업용기계정비원, 기타 고령자가 수행 가능한 유사 직종 등
54	금형원	1551	금형가공원, 금형설치원, 금형정비원, 금형제조원, 금형조립원, 다이캐스팅금형원, 유리금형원, 프레스금형원, 플라스틱사출금형원, 기타 고령자가 수행 가능한 유사 직종 등

연번	우선고용직종명	한국고용 직업분류 세분류코드	예 시 직 업
55	금속공작기계 조작원	1552	금속절곡기조작원, 드릴링기 및 보링기조작원, 머시닝센타조작원, 밀링기조작원, 방전기 및 와이어컷방전기조작원, 선반조작원, 연삭기 및 연마기조작원, 톱기계조작원, 프레스기 및 절단기조작원, 기타 고령자가 수행 가능한 유사 직종 등
56	냉난방 관련 설비 조작원	1560	난방장치조작원, 냉각장치조작원, 냉동기조작원, 냉동시설조작원, 냉장시스템조작원, 보일러조작원, 선박보일러, 환기장치조작원, 기타 고령자가 수행 가능한 유사 직종 등
57	일반 기계조립원	1592	건설용기계조립원, 공구 및 다이캐스팅 조립원, 공작기계조립원, 광산용기계조립원, 기계사상원, 농업용기계조립원, 선박엔진조립원, 섬유용기계 조립원, 기타 고령자가 수행 가능한 유사 직종 등
58	판금원 (판금기 조작원 포함)	1621~2	각종 판금기조작원, 닥트공, 판금원, 기타 고령자가 수행 가능한 유사 직종 등
59	제관원 (제관기 조작원 포함)	1623~4	각종 제관기조작원, 금속 및 설비 제관원, 기타 고령자가 수행 가능한 유사 직종 등
60	용접원 (용접기 조작원 포함)	1641~2	가스용접원, 각종용접기조작원, 미그용접원, 산소-아세틸렌용접원, 선박가용접원, 아세틸렌용접원, 아크(전기)용접원, 알곤(티그)용접원, 용접검사원, 이산화탄소용접원, 저항용접원, 전자빔용접원, 초음파용접원, 취부용접원, 테르밋용접원, 특수용접원, 화염절단원, 기타 고령자가 수행 가능한 유사 직종 등
61	화학공학 기술자 및 연구원	1711	가스기술자, 고무 및 플라스틱화학기술자, 농약 및 비료화학기술자, 도료 및 비누제품화학기술자, 석유화학기술자, 에너지기술자, 의약품화학기술자, 화학공학자문가, 기타 고령자가 수행 가능한 유사 직종 등
62	화학물 가공장치 조작원	1722	분말세제제조원, 세제생산기조작원, 의약품제조기조작원, 페인트제조기조작원, 필름제조기조작원, 화장품제조기조작원, 기타 고령자가 수행 가능한 유사 직종 등
63	플라스틱제품 생산기 조작원	1733	플라스틱사출기성형원, 플라스틱압출기조작원, 기타 고령자가 수행 가능한 유사 직종 등
64	재단사	1852	신발재단원, 의복재단사, 기타 고령자가 수행 가능한 유사 직종 등

연번	우선고용직종명	한국고용 직업분류 세분류코드	예 시 직 업
65	재봉사	1853	가죽·모피재봉원, 기계자수원, 직물재봉원, 신발재봉원, 기타 고령자가 수행 가능한 유사 직종 등
66	전기공학 기술자 및 연구원	1911	발전설비전기기술자, 송·배전설비전기기술자, 전기감리기술자, 전기공사기술자, 전기설계개발기술자, 전기안전진단기술자, 기타 고령자가 수행 가능한 유사 직종 등
67	전자공학 기술자 및 연구원	1912	가전기기개발·설계기술자, 반도체공학기술자, 전자공학자문가, 전자부품개발·설계기술자, 전자의료기기개발·설계기술자, 전자제어계측기술자, 전자제품개발·설계기술자, 기타 고령자가 수행 가능한 유사 직종 등
68	전기·전자기기 설치 및 수리원	1939	가전제품수리원, 감시카메라 설치 및 수리원, 광학기구수리원, 영상기기 설치 및 수리원, 전자 음향기기 설치 및 수리원, 전자의료장비 설치 및 수리원, 기타 고령자가 수행 가능한 유사 직종 등
69	전기 및 전자 설비 조작원	1950	건물전기설비조작원, 공장전기설비조작원, 병원전기 관리원, 아파트전기시설관리공무, 기타 고령자가 수행 가능한 유사 직종 등
70	전기·전자 부품 및 제품 조립원	1970	가정용전기기구조립원, 계측기조립원, PCB기판 조립원, 냉난방기구조립원, 사무용기기조립원, 영상·음향장비조립원, 반도체조립 및 검사원, 기타 고령자가 수행 가능한 유사 직종 등
71	통신공학 기술자 및 연구원	2012	통신감리기술자, 통신공학자문가, 통신기기개발자, 통신기술개발자, 통신망운영기술자, 통신장비개발자, 기타 고령자가 수행 가능한 유사 직종 등
72	컴퓨터시스템 설계 및 분석가 (IT컨설턴트)	2021	네트워크컨설턴트, 데이터베이스컨설턴트, 웹컨설턴트, IT컨설턴트, 응용시스템컨설턴트, 정보보안컨설턴트, 정보시스템컨설턴트, 컴퓨터 시스템 감리 전문가, 기타 고령자가 수행 가능한 유사 직종 등
73	통신 및 관련 장비 설치 및 수리원	2063	기지국설치 및 수리원, 통신장비설치 및 수리원, 기타 고령자가 수행 가능한 유사 직종 등
74	식품공학 기술자 및 연구원	2111	가공식품개발연구원, 발효식품연구원, 식품분석연구원, 식품소재개발연구원, 양조생산 기술자, 음식료품 기술자, 천연식품연구원, 기타 고령자가 수행 가능한 유사 직종 등

연번	우선고용직종명	한국고용 직업분류 세분류코드	예 시 직 업
75	음식품 가공 및 제조원	2131~49	과실 및 채소 관련 기계 조작원, 김치 및 밑반찬 제조 종사원, 식품등급원, 육류·어패류 및 낙농품 가공기계 조작원, 음료 제조관련 기계 조작원, 정육원 및 도축원, 제분 및 도정 관련 기계 조작원, 곡물가공제품 기계 조작원, 기타 고령자가 수행 가능한 유사 직종 등
76	환경공학 기술자 및 연구원	2211	대기환경기술자, 소음진동기술자, 수질환경기술자, 토양환경기술자, 폐기물처리기술자, 환경영향 평가원, 환경컨설턴트, 기타 고령자가 수행 가능한 유사 직종 등
77	보건위생 및 환경 검사원	2213	대기환경검사원, 보건위생검사원, 산업위생보건원, 소독·방역원, 소음진동검사원, 수질환경검사원, 식품위생감시원, 위생시험원, 직업보건관리원, 폐기물처리검사원, 기타 고령자가 수행 가능한 유사 직종 등
78	산업안전 및 위험관리원	2224	건물검사원, 건물안전관리원, 기계안전원, 산업안전기술자, 산업안전관리원, 산업안전시험원, 소방시설관리원, 안전관리기술자, 안전관리시험원, 전기안전원, 차량안전관리원, 화공안전원, 기타 고령자가 수행 가능한 유사 직종 등
79	상·하수도 처리장치 조작원	2231	상수처리장치조작원, 펌프장조작원, 폐수처리장치조작원, 하수처리장치조작원, 하수처리제어장치조작원, 기타 고령자가 수행 가능한 유사 직종 등
80	인쇄기조작원	2241	경인쇄원, 그라비어인쇄기 조작원, 금박·은박 인쇄원, 디지털인쇄기 조작원, 라미넥스기조작원, 마스터인쇄기 조작원, 무선제본기 조작원, 스크린 인쇄원, 실크 인쇄원, 실크스크린인쇄기조작원, 오프셋인쇄기 조작원, 윤전기조작원, 인쇄 소부원, 인쇄필름 출력원, 제본원, 제책기 조작원, 코팅기조작원, 기타 고령자가 수행 가능한 유사 직종 등
81	포장원 및 제조관련 단순 종사원	2290	단순조립원, 단순운반원, D-mail분류원, 밀봉기조작원, 병세척원, 부품 및 제품 단순분류원, 선별원, 수동포장원, 수작업라벨부착원, 재활용품분류원, 전단지배포 및 부착원, 정리정돈원, 제품단순검사원, 종이봉투접합원, 포장기조작원, 기타 고령자가 수행 가능한 유사 직종 등
82	조경원	2315	원예사, 조경관리원, 조경원, 조경조원사, 기타 고령자가 수행 가능한 유사 직종 등
83	농림어업관련 단순 종사원	2350	과실수확원, 농장단순노무자, 목장단순노무자, 식물재배원, 어업관련단순노무자, 임업관련단순노무자, 작물재배관련단순노무자, 기타 고령자가 수행 가능한 유사 직종 등

<부록 2>

〈고령자인재은행 현황〉

2008.1.1현재

기 관 명	소 재 지	전화번호	홈페이지
(사)대한주부클럽연합회	서울시 중구 남창동 1-2	02-752-4222	www.jubuclub.or.kr
생명의전화 종합사회복지관	서울시 성북구 하월곡동 96-155	02-916-9193	www.lifelineseoul.or.kr
강동종합사회복지관	서울시 강동구 천호 3동 555	02-2041-7831	www.kdswc.or.kr
대한은퇴자협회	서울시 광진구 광장동 244-24	02-456-0308	www.karpkr.org
이화여자대학교 종합사회복지관	서울시 서대문구 북아현동 산 1-826번지	02-3277-3194	ewhawelfare.or.kr
(사단법인)노정회	서울시 마포구 공덕 2동 370-4 한국산업인력공단 별관 205호	02-2633-4459	www.nj21.or.kr
북부종합사회복지관	서울시 노원구 상계 1동 1257번지	02-934-7711	www.bookboo.or.kr
서울북부실업자사업단 노원지부	서울시 노원구 상계 2동 404-7 2층	02-930-1656	
한국산업단지공단 서울지사	서울시 구로구 구로동188-25	02-6300-6519	www.kicox.or.kr
동작종합사회복지관	서울시 동작구 대방동 5-1	02-814-8114	www.dongjaksw.or.kr
의정부YWCA	경기 의정부시 신곡동 762-2 엘리트타운 503호	031-853-6332	uywca.simin.org
춘천YWCA	강원도 춘천시 요선동 4-6	033-251-2238	www.ccwomen.or.kr
강릉YWCA	강원도 강릉시 교동 8-3번지	033-651-4385	
원주YWCA	강원도 원주시 일산동 194-5	033-742-6090	
진폐재해인 무료직업소개소	강원도 태백 상장동 211-1	033-554-0357	
부산진구여성인력개발센터	부산시 부산진구 부전 1동 467-1 영동플라자	051-807-7944	www.bswoman.or.kr
사)노정회 부산지회	부산시 동래구 명륜동 634-4	051-555-1944	해당사항없음
해운대여성인력개발센터	부산시 해운대구 좌동 1464-3	051-701-2431	www.hwcenter.or.kr
부산동래여성인력개발센터	부산광역시 동래구 온천 3동 1442-1	051-501-8946	www.womancenter.or.kr
울산YWCA	울산시 남구 무거동 1185-4	052-247-3520	해당사항 없음
울산사회복지연대	울산시 중구 우정동 219-5	052-244-8219	해당사항 없음
진주YWCA	경남 진주시 상대 2동33-106	055-753-6133	해당사항 없음
거제시시설관리공단 옥포종합사회복지관	거제시 옥포동 산 660-4번지	055)639-8151	해당사항 없음

대구고령자취업상담센터	대구시 수성구 욱수동 48-1번지	053-819-2061	www.dghomehelper.co.kr
(사)한국여성인력개발원 대구달서여성인력개발센터	대구시 달서구 송현 2동 1915-6번지	053-285-1331	www.dalseocenter.or.kr
포항YWCA	포항시 남구 대도동 127-2	054-274-4444	http://phywca.or.kr
한국산업단지공단 중부지역본부	경상북도 구미시 공단동 164	054-467-0784	gb.e-cluster.net
영주가흥종합사회복지관	경북 영주시 가흥 1동 1385	054-636-0834	www.gahung.or.kr
안동YMCA	안동시 송현동 319-1	054-858-8219	www.adymca.or.kr
인천경영자총협회	인천 남동구 구월동 1460-1번지 3층	032-427-7111	www.inef.or.kr
(사)인천여성노동자회	인천 부평구 부평 4동 397-4 로얄프라자 811호	032-524-8831	www.womenworker.org
수원YWCA	경기 수원시 장안구 정자동 889-2	031-252-5111	www.swywca.or.kr
사단법인 성민원	경기 군포시 금정동 870-10번지	031-399-3020	–
안산YWCA	경기 안산시 단원구 고잔동 710-2 하늘범조빌딩 310	031-439-2098	–
성남YWCA	경기 성남시 분당구 야탑동 601-4번지 2층	031-701-2501	www.snywca.or.kr
평택YWCA	경기 평택시 합정동 485-17	031-651-7701	없음
원종종합사회복지관	경기 부천시 오정구 오정동 139-1	032-677-0108	www.wonjong.or.kr
광주여성인력개발센터	광주 동구 계림동 559-10	062-511-0001	womencenter.or.kr
제주YWCA여성 인력개발센터	제주시 삼도 2동 79번지	064-753-8090	vocation.or.kr
서귀포 YWCA	서귀포시 서귀동 280-8번지	064-762-1400	sgpoywca.or.kr
전주YWCA	전주시 완산구 효자동 1가 547-1	063-224-5501	jeonjuywca.or.kr
목포 YWCA	전남 목포시 호남동 450번지	061-242-1611	mokpoywca.or.kr
여수YWCA	여수시 여서동 226번지	061-654-2161	ysywca.or.kr
순천YWCA	순천시 저전동 194-1번지	061-744-9004	
군산노인종합복지관	군산시 중앙로 2가 140-8번지	063-446-7575	
원광효도마을시니어클럽	전북 익산시 영등동 767-8번지	063-833-0334	
조치원YWCA	충남 연기군 조치원읍 교리 22-6	041-865-2432	www.iywca.com
충주 YWCA	충북 충주시 성내동 498번지	043-842-1929	없음
천안YWCA	천안시 다가동 410-4번지	041-578-5863	www.chywca.or.kr
청주시 인력관리센터	청주시 상당구 수동 442-9	043-221-9191	www.cjjob.net

<부록 3>

일본의 고령자 고용정책 변화 내용[15)]

① 1963년 7월 직업안정법개정으로 중고년 실업자의 취업촉진제도 창설

○ 직업안정법 : 인정을 받은 실업자에 대한 취직촉진조치 창설

② 1966년 7월 고용대책법 제정, 직업안정법 개정으로 중고연령자 고용률제도 창설

○ 고용대책법 제정

- 適職의 선정
- 중고연령자의 고용비율이 일정비율 이상으로 하도록 별도 시책 강구

○ 직업안정법 개정

- 중고연령자(35세 이상)의 직종별 고용률 설정
- 고용요청

③ 1971년 10월 중고령자 등의 고용의 촉진에 관한 특별조치법(중고법) 제정으로 특정지역제도 창설

- 중고연령자(45세 이상) 직종별 고용률 설정
- 구인 불수리, 고용 요청
- 특정지역의 지정, 고용촉진을 위한 계획 작성, 흡수율의 적용

15) 김정한(2005)의 p. 63 <부록 1>을 인용하였음

④ 1973년 9월 고용대책법 개정

○ 고용대책법

- 정년 연장을 국가의 시책으로 명시
- 정년도달자에 대한 재취직원조계획 작성 요청

⑤ 1976년 10월 중고법 개정으로 포괄적인 고용률제도 창설

○ 민간에 대해 고연령자(55세 이상)의 포괄적인 고용률(6%) 설정

- 구인의 불수리, 계획작성 지시, 고용 요청, 고용상황 보고
- 선정직종에 대해서는 구인 불수리, 고용 지도
- 관공서 등은 중고연령자고용률 제도 존속

⑥ 1986년 4월 중고법을 전면 개정하여 '고연령자 등의 고용의 안정 등에 관한 법률'로 개칭

- 60세 정년의 노력의무화
- 정년 연장 요청, 계획의 적성 명령, 계획 시정· 적정실시 권고, 공포
- 재취직원조의 노력의무화 및 계획대상자의 확대(55세 이상)
- 고연령자고용안정센터, 실버인재센터 지정
- 민간부문에 대해서는 고연령자고용률 제도 폐지

⑦ 1990년 10월 고령법 개정하여 계속고용 노력의무 창설

- 기본방침 책정
- 희망자에 대한 계속고용 노력의무화와 공공직업안정소에 의한 권고

⑧ 1994년 4월 고령법 개정으로 60세 정년 의무화

- 60세 정년 의무화(시행은 1998년 4월 1일부터)
- 계속고용제도의 도입에 관한 계획의 작성 지시, 변경· 적정 실시 권고
- 직업경험활용센터 지정

⑨ 1996년 10월 고령법 개정으로 실버인재센터연합회 창설
- 실버인재센터연합회 지정

⑩ 2000년 10월 고령법 개정으로 재취직원조계획제도 확충
- 정년연장 등에 의한 고연령자고용확보조치 노력의무화
- 재취직원조계획의 개별교부와 대상자의 확대(45세 이상)
- 실버인재센터의 업무확대

⑪ 2001년 고용대책법 개정
- 구인모집시 연령제한금지 규정(구인 및 채용시에 연령제한철폐 노력규정)

⑫ 2004년 고령법 개정
- 정년연장, 계속고용제도 등 65세까지의 고용연장 의무화
- 모집·채용시 연령차별에 대한 사업주의 이유 명시 의무화
- 중고령자의 고용촉진을 위한 사업주의 구직활동지원서의 작성·교부 의무화

저/자/소/개

【유 성 호 (劉成鎬)】

미국 Kansas State University에서 노년사회학을 전공하여 박사학위를 취득하였다.
현재 선문대학교 사회복지학과 교수로 재직중이며 한국노년학회, 한국사회복지정책학회 등 학회활동에 참여하고 있다. 최근 저서로는 『현대노인복지론』(학지사, 2007. 공저)이 있으며, 논문으로는 「노인요양시설종사자의 노인학대 관련 법조항에 대한 이해, 노인학대 목격실태와 노인학대 신고의무위반자의 처벌에 대한 태도」(사회복지정책, 2008) 등이 있다. 노인의 인권과 노인복지정책에 많은 관심을 가지고 있다.

【장 민 수 (張敏洙)】

독일 뮌스터 대학교에서 경제학을 전공하여 경제학 박사학위를 취득하였다.
현재 선문대학교 국제경제통상학부 교수로 재직 중이며 한독경상학회, 질서경제학회, 독일학회 등 학회활동에 참여하고 있다. 최근 저서로는 『이해하기 쉬운 경제학 강의』(학문사, 2006 공저)가 있으며 논문으로는 「고령자 고용안정 대책, -적극적 노동시장 정책을 중심으로-」(질서경제저널, 2007), 「한국과 독일의 산업별 비교우위 분석」(경상논총, 2008) 등이 있다. 고령인력의 고용정책과 한독 경제관계 등을 연구하고 있다.

고령화사회와 고령자 고용정책

2008년 11월 25일 1판 1쇄 인쇄
2008년 11월 30일 1판 1쇄 발행

저 자 : 유성호 · 장민수
발행인 : 김 동 규
발행처 : 교육과학사

경기도 파주시 교하읍 문발리
파주출판문화정보산업단지 514-5
전화 (031) 955-6956~8 / FAX (031) 955-6037
Home-page : www.kyoyookbook.co.kr
E-mail : kyoyook@chol.com
등록 : 1970년 5월 18일 제2-73호

낙장· 파본은 교환해 드립니다.
Printed in Korea.

정가 10,000원
ISBN 978-89-254-0240-6